FABIÁN J. CIARLOTTI
LUCÍA VARELA - NOELIA FILOTTI

LA COCINA AYURVEDA

QUE EL ALIMENTO SEA TU MEDICAMENTO

LA COCINA AYURVEDA

es editado por

EDICIONES LEA S.A.

Av. Dorrego 330 C1414CJQ

Ciudad de Buenos Aires, Argentina.

E–mail: info@edicioneslea.com

Web: www.edicioneslea.com

Diseño gráfico y fotografía: Carlos Fossatti

ISBN 978-987-718-550-8

Queda hecho el depósito que establece la Ley 11.723.
Prohibida su reproducción total o parcial, así como
su almacenamiento electrónico o mecánico.
Todos los derechos reservados.
© 2018 Ediciones Lea S.A.

Primera edición. Tercera reimpresión. Impreso en Argentina.
Julio de 2021. Arcángel Maggio - Division Libros

Ciarlotti, Fabián

La cocina ayurveda : que el alimento sea tu medicamento / Fabián Ciarlotti ; Noelia Filotti ; Lucía Varela.
- 1a ed . 3a reimp. - Ciudad Autónoma de Buenos Aires : Ediciones Lea, 2021.
168 p. ; 20 x 22 cm. - (Cocina para todos ; 4)

ISBN 978-987-718-550-8

1. Cocina Ayurvedica. 2. Libro de Recetas. I. Filotti, Noelí II. Varela, Lucia III. Título
CDD 641.5637

PRÓLOGO

Sumamente gratificante es compartir este libro con dos grandes profesionales, ex alumnas de AYUM (Ayurveda Yoga Universidad Maimónides), con quienes entablamos una científica y muy amena relación, ya que con este asunto de las clases, la preparación de los platos, las recetas y fotografiarlos en mi casa o en la universidad durante varios días, nos hemos divertido y trabajado mucho… ¡y hemos comido mucho, también!

Tanto Noelia como Lucía son actuales docentes de AYUM, quienes aparte de saber muchísimo sobre nutrición, a la vez son muy prácticas, y tal vez ese sea el secreto del éxito del curso propio y paralelo que imparten en la Universidad sobre, precisamente, la cocina Ayurveda, en la gran aula de nutrición, con hornos especiales y todo lo necesario para que cocinen los alumnos.

Este libro es obra de los tres, pero en la parte práctica las autoras son ellas dos, suyas son las recetas y sugerencias o tips.

Decidimos partir de los biotipos o doshas y sus desequilibrios, pues con el correcto alimento la medicación es innecesaria, y sin el correcto alimento, la medicación es ineficaz. Fueron largas horas y días de trabajo, de discusión y de preparación, todo encarado con amor, respeto y conocimiento.

Ayurveda no es para clasificar a las personas sino para conocer el metabolismo particular de cada uno, sus tendencias, su accionar. La idea no es juzgar o compararnos con el otro, sino reconocer y entender el propio biotipo y poder así obrar en consecuencia.

Para el Ayurveda, la alimentación o dieta se basa principalmente en la calidad del alimento (sáttvico, puro, lo que veremos luego) y no en sus atributos físicos (carbohidratos, minerales, calorías, etc.).

Voluntad y conocimiento son las principales herramientas de la salud. Por eso Ayurveda demanda y requiere participación con entendimiento; y ojalá este libro colabore con esa idea.

Deseamos que los lectores descubran estos buenos platos preparados con conocimiento del dosha y del desequilibrio. Además, aprovechamos para invitarlos a los cursos de AYUM: Ayurveda Yoga Universidad Maimónides.

Siempre con amor.

Fabián

LOS AUTORES

FABIÁN J. CIARLOTTI

Médico Ayurveda, ex cirujano.

Doctor en Medicina, Universidad de Buenos Aires, Profesor Universitario.

Autor de más de una treintena de libros filosóficos y médicos.

Director de la carrera de Kinesiología y Fisiatría.

Director del curso de Ayurveda y del Centro AYUM: Ayurveda Yoga Universidad Maimónides.

Facebook: Ayurveda Yoga Universidad Maimónides

Facebook: Fabián J. Ciarlotti

Mail: ciarlottifabian@gmail.com

NOELIA FILOTTI

Odontóloga UBA, graduada con mejor promedio.

Docente titular de AYUM.

Docente titular a cargo del curso "La cocina Ayurveda".

Coordinadora y Traductora del Curso Intensivo de Yoga y Ayurveda en Rishikesh, India de la Universidad Maimónides y el Prakash Deep Institute.

Especializada en realizar tratamientos para el bruxismo desde la perspectiva Ayurveda.

Facebook: Noelia Filotti, Budhi Terapia Ayurveda – Dra. Noelia Filotti

Mail: noeliafilotti@gmail.com, budhiayurveda@gmail.com

LUCÍA VARELA

Licenciada en Nutrición, Universidad de Buenos Aires.

Especialista en Nutrición occidental y oriental.

Docente titular de AYUM.

Docente titular a cargo del curso "La cocina Ayurveda".

Especialista en Nutrición Omana Bienestar –Yoga In Company–.

Facebook: Lic. Lucía Varela – Nutrición Ayurveda

Mail: nutricionayurveda.ar@gmail.com

INTRODUCCIÓN

Según el Ayurveda, todo alimento es remedio y cada remedio es alimento; por eso la mayoría de las enfermedades pueden ser tratadas, o al menos mejoran, con el correcto alimento... y la mente correcta, podríamos agregar.

Y como alimento es todo lo que entra por los sentidos, son incontables los remedios naturales que tenemos a nuestro alrededor, como así también las sensaciones y experiencias a digerir que ingresan por los mismos.

Enfocando en los nutrientes que ingresan por la boca, no queremos ser pesimistas, pero vemos que la mayoría de los nutrientes que obtenemos hoy en día se crían y cultivan con pesticidas, hormonas, fertilizantes artificiales, conservantes químicos, están genéticamente alterados, clonados...a lo que se le suma el suelo, el traslado, la conservación, la cadena de frío, etc.... Y, como si esto fuera poco, después les agregamos aceites baratos y freímos, para finalmente comer mientras estamos hablando, mirando tele, leyendo o hasta manejando el auto.

Ah, ¡y cocinamos o recalentamos en un microondas!

El doctor suizo Hans Hertel alertó acerca de las consecuencias negativas de utilizar el microondas, pero esa información no llegó al público en general. Entre otras cosas, aclaró que no hay átomos o moléculas que puedan soportar la violencia y el poder destructivo que irradia durante muchos minutos un microondas, produciendo finalmente un descenso en la cualidad sutil o energética del alimento (prana)

En realidad, uno debería evitar en lo posible todo lo envasado; sean botellas, latas, cajas o cualquier tipo de contenedor, ya que todos tienen conservantes químicos que acidifican la sangre y potencian y permean pensamientos negativos, pues son alimentos y sustancias sin vida.

La industria alimentaria está orientada a obtener su propio beneficio y no a que la gente coma sano. Las etiquetas nunca dicen la verdad, ocultando absolutamente todos los efectos secundarios; por eso, basar la dieta en lo que dice una etiqueta es una autopista al desequilibrio. Todas están hechas para convencer al consumidor de que solo pueden comprar ese producto.

Todo lo que sea envasado, de por sí, acidifica la sangre, prácticamente no existe sustancia sin efectos colaterales.

La idea no es ser un obsesivo con la comida, pero tampoco ignorarla o ser indulgente. Si se puede, es conveniente evitar lo que viene en latas, cajas o bolsas; comer lo que hay en el lugar y en ese clima, ya que nuestras enzimas digestivas cambian con este último, al igual que las necesidades

La voluntad es muy importante pero el conocimiento es tan o más importante pues para Ayurveda todo depende de él.

Lo que comemos va a ser nuestro cuerpo físico y nuestro cuerpo mental, así si ingerimos un chocolate tendremos músculos de chocolate y si comemos papas fritas tendremos un cerebro de papa frita...

La dieta correcta es el principal factor para el tratamiento del cuerpo físico, que está hecho de comida. Sin cambiar la dieta, no podemos pretender que el cuerpo cambie.

Ayurveda no trata los síntomas ni le interesa el nombre de la enfermedad, requiere la absoluta participación del paciente. Toma en cuenta el poder digestivo, el dosha, el clima, la hora, la edad, el poder de absorción, el estado emocional, el desequilibrio, etc. (por eso es holística). A menos que sean platos tridóshicos (ver luego), una dieta difícilmente puede ser buena para dos personas. Cada uno tiene lo suyo, su metabolismo, su mente; ergo, la comparación es perniciosa y no lleva a nada. Existe una enorme variedad entre cada persona. Uno podría decir que no existe "lo normal". Todos somos diferentes, por lo tanto tenemos diferentes metabolismos y necesidades.

Pero los autores de este libro siempre enfatizamos en esto: si no te gusta, por más que esté recomendado para tu dosha o desequilibrio, ¡no lo comas!

Todos sabemos que las gaseosas, el fast food y las frituras no le hacen bien a nadie, pero ya con un aparato digestivo en mal funcionamiento, el daño será peor.

Para regularizar nuestro poder digestivo es menester cambiar de dieta y de estilo de vida… Y sí, el manejo mental es lo más importante.

En orden de ajustar la dieta a nuestras necesidades es que interviene el Ayurveda; la idea no es clasificar ni juzgar a las personas sino entender el propio metabolismo y lo que nuestra fisiología necesita, lo que varía segundo a segundo según nuestra actividad, entorno, emociones, etc. Es por ello que pusimos capítulos de información previos a las recetas.

ALGO DE AYURVEDA

Ayurveda significa sabiduría de vida y su principal filosofía base es la samkhya, la cual afirma que la naturaleza, o sea todo y todos, estamos formados por los tres guna que veremos luego y por cinco grandes elementos: espacio, aire, fuego, agua y tierra, cuya diferente proporción caracterizan a los tres biotipos o doshas conocidos como Vata, Pitta y Kapha. Las diferencias observables entre los distintos individuos se deben al predominio de sus distintos elementos constitutivos. Los elementos son cualidades que capturan la esencia de las cosas y la simbolizan.

Estos mismos elementos conforman fuerzas, arquetipos, tendencias, predisposiciones ya que en realidad la traducción del sánscrito de dosha es desequilibrio, crimen, tendencia, muerte, oscuridad, etc. Nombraremos como sinónimos biotipos y dosha, pero aclarando antes que no son lo mismo, dosha deriva de la raíz "dis" (disnea, disartria, disfasia, etc), otras acepciones son: defecto, imperfección, mala calidad. Los dosha son fuerzas, tendencias o vibraciones traducidas en fisiología, mente, biotipos, climas, edades, lugares, enfermedades e, inclusive, horas del día.

El enfoque holístico del Ayurveda pone atención en cada aspecto de la vida. Cada ser es distinto a los demás, por lo cual, y como ya mencionamos, debería comer y vivir distinto según la edad, el estado físico, el mental, las estaciones y hasta según las horas del día. Las diferencias observables se deben al predominio de los distintos componentes de los mundos físico, vegetal y animal que lo constituyen.

Al nacer, a todos se nos dota con algo de cada biotipo, ya que estos están compuestos en distintas proporciones por los cinco elementos que contienen a todo y todos.

Los seres humanos y el entorno en el que viven son el resultado de las fuerzas generadas por los cinco elementos. Para configurar los diversos biotipos, estas fuerzas se agrupan de a pares, y algunos de estos pares predominan sobre los otros. El concepto de dosha en el ser humano es para el estado de vida, antes y después de la muerte vuelven al estado de elementos conocidos como pancha maha bhuta (cinco grandes elementos).

Lo que hace posible describir a un Vata, un Pitta o un Kapha puros es que tienen demasiado de un mismo biotipo, sin embargo esto ocurre con poca gente ya que la mayoría de las personas constituimos biotipos combinados en los que uno predomina, pero no exageradamente.

Ante un mismo estímulo, esos humores o dosha reaccionan de distintas maneras impulsados por los mismos humores o por las cualidades predominantes de cada uno de ellos.

Conociendo el dosha individual se descubre el porqué de las reacciones, a qué desequilibrios está uno más propenso, cómo prevenirlos y en definitiva qué impronta esa fuerza dejará en la vida del individuo.

Son tres, entonces, los dosha principales, sistematizados en Vata, Pitta y Kapha. Todo ser viviente posee parte de los tres (ergo, de los cinco elementos) ya que de lo contrario sería incompatible con la vida, lo que varía es la proporción de sus fuerzas elementales y la interrelación entre las mismas. Desde ya, no existe un dosha mejor que otro: el mejor dosha, es el que nos tocó tener.

BIOTIPO O DOSHA SIMPLE

El hecho de pertenecer a un solo biotipo significa tener tanto de un par de elementos, que hace a la persona muy inestable y de bajo umbral de tolerancia.

VATA

Vata (vayu, viento) está formado principalmente por espacio y aire, será de cualidades móviles, rápidas, expansivas, frías, secas, en ráfagas, cambiantes, abiertas, livianas, sin rumbo fijo, con alternancias, impredecible, impalpable, sin forma, etc. Su sequedad es producto del movimiento. Vata se mueve y habla mucho, y el hablar es un movimiento que seca.

Vata requiere un trabajo en el cual la atención no deba ser permanente, no extenuante físicamente y sin aire acondicionado.

Es catabólico por excelencia, gusta de empezar las peleas pero no participar en ellas luego, son los menos creyentes y los únicos móviles. Se entusiasma muy fácilmente, ama la aventura y está siempre en movimiento. De inteligencia veloz y flexible.

ALGUNAS CARACTERÍSTICAS MÁS DE VATA:

1. Mis acciones y mis pensamientos son rápidos.
2. Me es difícil memorizar y recordar las cosas más tarde.
3. Soy alegre y entusiasta por naturaleza. Y creativo.
4. Tiendo a ser de complexión delgada y casi no subo de peso.
5. No tengo una rutina establecida en cuanto a mis horarios para comer y dormir.
6. Camino ligero y rápido.
7. A veces me es difícil tomar decisiones.
8. Mi digestión es irregular, con gases e inflamación del estómago.
9. Mis pies y manos tienden a ser fríos.
10. Si estoy bajo estrés tiendo a preocuparme y sentir ansiedad.
11. No tolero el frío, aunque me gusta.
12. Me gusta lo seco, pero me incrementa.
13. Cambio de humor fácilmente y soy muy sensible y emocional..
14. Tengo dificultad para quedarme dormido y despierto fácilmente.
15. Mi piel y mi cabello tienden a ser secos y quebradizos. Mis uñas también.
16. Tengo una mente activa con tendencia a ser inquieto.
17. Mis movimientos son rápidos y mi energía me llega en ráfagas, como el viento.
18. Me excito fácilmente.
19. Como rápido y termino antes que los demás, y mis hábitos de alimentación son irregulares.
20. Aprendo rápido pero olvido también rápido. No me aferro a nada.

PITTA

Pitta (bilis): conformado principalmente por los elementos Fuego y Agua (los cuales lo hacen ácido). Es caliente, penetrante, preciso, agudo, energético, con poder de digerir y transmutar, iluminador, líder, inteligente, quemante, violento, etc. El agua permite al fuego actuar (ej: jugo gástrico) sin incendiar.

Pitta requiere alimento cada tanto, una atmósfera fresca a fría y un trabajo donde pueda pensar y actuar. No deben estar cerca del calor.

Cultos y pensantes, no toleran el hambre o la sed. Son catabólicos y ayudan al anabolismo de Kapha.

Además, son elegantes, deportivos y aman los cuerpos atléticos, las cosas refinadas, las películas, leer, ver cuadros y pinturas y todo lo que entre por los ojos. También son alegres y muy sanguíneos, pasionales. En desequilibrio, opinan aunque no se lo pidan, y son propensos a la crítica, la burla, la ira, la competitividad, la egolatría y no piden perdón.

ALGUNAS CARACTERÍSTICAS MÁS DE PITTA:

1. Soy perfeccionista y metódico, me considero eficiente.
2. Desarrollo mis actividades con orden y precisión.
3. Soy de carácter firme y actitud enérgica, determinante.

4. Me incomoda el calor más que a otra gente, aunque a veces disfruto de él.
5. Me gusta el deporte y la competencia, en todo sentido.
6. Aunque a veces no lo demuestro, me irrito y enojo fácilmente.
7. Me enojo si no como en mis horas establecidas.
8. Mi cabello muestra canas prematuras, es delgado y tiende a ser rojizo o rubio.
9. Tengo buen apetito y puedo comer mucho si lo deseo.
10. Muchas personas me consideran terco.
11. Soy muy regular en mis evacuaciones.
12. Cuando me presionan, soy impaciente y me irrito fácilmente.
13. Tiendo a ser perfeccionista y no tolero los errores.
14. Me enojo fácilmente pero también fácilmente olvido.
15. Me gustan mucho las bebidas y la comida fría, especialmente los helados.
16. Siento más calor que frío.
17. No tolero la comida muy condimentada ni picante.
18. No soy tan tolerante a los desacuerdos como debería ser.
19. Disfruto los retos y, cuando quiero algo, tengo una actitud determinada para lograrlo.
20. Mi pensamiento es crítico, soy bueno para debatir y discuto cada punto con fuerza.

KAPHA

Kapha (moco, flema): conformado principalmente por los elementos Agua y Tierra. Tiene cualidades como estable, resistente, frío, estático, firme, pesado, confiable, duradero, oleoso, no cambiante, tranquilo, terco, etc.

Kapha, anabólico por naturaleza, es creador del cuerpo, su unión y mantenimiento.

Ordenado, no cambiante, rutinario, familiero, tradicional, resistente, gran poder de escucha, fornido, se enferma muy poco.

Inteligencia lenta pero estable y progresiva, con óptima memoria y capacidad de concentración.

Tendencia a la depresión, terquedad, obesidad, avaricia, apego, dormir de más.

Kapha posee digestión lenta por lo que es el que menos alimento necesita y requiere. Le gusta organizar. Protege y lubrica los movimientos de Vata.

ALGUNA CARACTERÍSTICAS MÁS DE KAPHA:

1. Mis actividades las realizo lentamente. Mi fisiología (funcionamiento "normal" del cuerpo, a diferencia de patología) es lenta.
2. Tiendo a subir fácilmente de peso y me cuesta trabajo bajarlo.
3. Tengo una buena y plácida disposición, difícilmente pierdo los estribos.
4. No me siento mal si no como uno de los tres alimentos diarios.
5. Tiendo a tener sinusitis crónica, asma o flema excesiva.
6. Duermo ocho horas o más y sin embargo, me cuesta trabajo empezar la mañana.
7. Mi sueño es profundo, me gusta la siesta.
8. Soy una persona calmada y no me enojo fácilmente.
9. Me cuesta un poco de esfuerzo aprender algo nuevo, pero luego retengo muy bien la información.
10. Tiendo a retener grasa en el cuerpo.
11. Me molesta el clima frío, húmedo o nublado.
12. Mi cabello tiende a ser grueso, oscuro y ondulado.
13. Mi piel es pálida, fría y tersa.
14. Mi complexión es sólida y robusta.
15. Lo siguiente me describe muy bien: sereno, dulce, cariñoso y de perdonar fácilmente.
16. Mi digestión es lenta y me siento pesado después de comer.
17. Mi calidad de energía es constante, tengo buen nivel de fuerza y mucha resistencia física.
18. Generalmente camino despacio y alegre.
19. Tiendo a dormir de más, a despertar un poco mareado y tengo pereza al empezar el día.
20. Como despacio y soy metódico.

Hay dos estadios de los doshas: el Prakriti, con el que nacemos y es inamovible, y el Vikriti, el que tenemos ahora, que seguramente está algo desequilibrado.

Para el diagnóstico de qué dosha es cada persona, se podría hablar de un aspecto anatómico, uno fisiológico y otro mental.

EL ASPECTO ANATÓMICO

Por el lado anatómico, los del biotipo o dosha Vata (recordamos compuesto principalmente por Espacio y Aire-viento) serán delgados, altos o bajos, secos, con articulaciones prominentes y crujientes, de piel fría y áspera, uñas y dientes quebradizos y más amarillentos, ojos pequeños, cabellos de marrón a oscuro, móviles, parlanchines, huidizos. El viento, anatómicamente, seca y da frío, promoviendo con su fuerza catalítica de separación, el poseer un cuerpo más frágil, menos resistente y más débil que los otros dosha.

Los Pitta anatómicamente son de complexión moderada, peso y tamaño mediano. Sus elementos principales, Agua y Fuego, hacen que sea ácido: orina ácida, comentario ácido, transpiración ácida. Son rubios, pelirrojos o de cabellos claros, con tendencia a la calvicie por lo fino de sus pelos (el fuego se los quema), tienen piel suave, clara y son de profusa transpiración. Estarían en el medio entre Kapha y Vata en cuanto a sus caracteres, sacando la temperatura (es el único dosha con fuego). Son muy pasionales con tendencia a la hipertensión, las úlceras y las pérdidas sanguíneas.

Kapha son los más fornidos, ya que sus principales elementos son Tierra y Agua, que forman la arcilla, la masa, el cuerpo; tienen la estructura más sólida de los tres (único con elemento Tierra), son firmes, suaves, pesados pero elegantes, lubricados, de dientes claros, ojos grandes y oscuros, con tendencia al sobrepeso.

Los doshas generalmente, se desequilibran con sus propios elementos, así el de Fuego tendrá más fuego (infecciones, gas-tritis, fiebre), el de Viento más viento (constipación, contracturas, espasmos), el de Agua más congestiones y edemas.

EL ASPECTO FISIOLÓGICO

Las fuerzas dóshicas regulan diferentes funciones. La estructura anatómica (los tejidos, el cuerpo físico) podemos resumir que es Kapha, ya que éste está formado por los elementos Agua y Tierra. Los Kapha tienen tendencia a tener un cuerpo sólido sin haber practicado mucha gimnasia. La digestión es Pitta, con sus fuegos enzimáticos y digestivos (ver, luego, agni). El sistema nervioso, el de transporte y circulación es Vata.

También, el fuego digestivo es un índice del dosha, así Pitta tiene tendencia a tener mucho fuego digestivo, Vata a que sea irregular y Kapha, lento.

ALGUNAS CUALIDADES DE LOS DOSHA		
VATA	PITTA	KAPHA
Seco	Aceitoso	Aceitoso
Ligero	Ligero	Denso
Frío	Caliente	Frío
Sutil	Sutil	Viscoso
Rugoso	Suave	Suave
Rápido	Intenso	Sólido
Disperso	Agudo	Estático

EL ASPECTO MENTAL

Las características mentales de los dosha están influenciadas por los elementos que los componen. Así, impulsado por sus elementos de Espacio y Viento, vemos que los Vata son expansivos, abiertos, rápidos, sin rutina alguna, inquietos, de mente liviana, móvil, errática, dispersa. Actúan en ráfagas, son también creativos, artísticos, innovadores, alegres y entusiastas. De apetito variable y de mal dormir. Ansiosos, inquietos, tienen poca paciencia, se fatigan rápido. Retienen fácil pero olvidan fácil también (el viento les sopla la memoria). Pueden padecer de insomnio, ansiedad, intranquilidad, adicciones y alteraciones nerviosas. Todo exacerbado si están constipados. Son muy sensibles, sobre todo a ruidos y gritos.

Pitta, por su lado, es de mente caliente, actúa siempre pensando. Hace todo en orden y bajo rutinas, carácter firme y determinante. Son muy racionales, inteligentes y competitivos. Además, tienen buen apetito, mucha sed y duermen poco y bien. Como tienen fuego, ellos "ven". Pitta, ve cosas que los demás no y por eso se enfada o monta en cólera. Son los más inteligentes y ambiciosos.

Pitta usa las palabras para emitir pensamientos, Vata usa las palabras para emitir palabras. Kapha los escucha.

Según la ley de samanya-vishesha (homólogo-heterólogo), lo similar incrementa lo similar. Los elementos que nos componen tiran para su lado y lo parecido incrementa lo parecido. O sea que si uno es del dosha de fuego llamado Pitta, tendrá que luchar contra el fuego toda su vida, pues ya se tiene mucho de ese elemento. Todo lo fermentado (quesos, yogur, vinos) genera combustión con energía calentante, por lo que aumenta Pitta.

Kapha con su Tierra y Agua es estable, apacible, tranquilo y amoroso. También tolerante, pensativo, paciente, muy metódico. Cuando se desequilibran tienden a caer en el apego por su Agua, pero por Tierra pueden caer en la avaricia o la depresión.

Para el Ayurveda, todo es relación de cualidades. Pitta debe enfriar, no competir, no creerse dueño de la verdad, no demandar y no dominar, mientras que Kapha debe levantar, soltar, mover, calentar, liberar y entregar.

Al aumentar la fuerza Pitta, la piel toma un aspecto rojizo o amarillo y la persona puede sufrir diarreas o momentos de ira.

También se pueden presentar signos de mareo y desmayos (en participación con Vata).

Cuando Vata está exagerado, la piel se vuelve áspera, seca y oscura, el cuerpo adelgaza y pierde calor, la persona sufre de insomnio, astenia y sus defecaciones son secas. Si ocurre lo contrario y Vata está deprimido, la persona se siente cansada y agotada, tiene la respiración entrecortada y pierde el buen humor y la concentración.

Al aumentar Kapha, la sangre no circula bien y se presentan cansancio y sueño. Las extremidades se vuelven pesadas y las articulaciones débiles, con frecuentes formaciones de edemas. Por otro lado, al haber poco Kapha, se produce sequedad en la boca, sed y la sensación de vacío en el estómago. .

Vata se mueve y mueve a todo el cuerpo, Pitta quema y metaboliza y Kapha crea estructura, une y estabiliza. Vata es seco, Pitta caliente y Kapha pesado. Vata es oído y tacto, Pitta es la visión y Kapha es el gusto y olfato.

Kapha es la base de los otros dos humores, es la estructura con forma, resistencia, cohesión, tranquilidad y estabilidad. Pitta es el balance de los otros dos humores, es digestión, metabolismo, transformación y pensamiento. Vata es el que mueve a los otros dos humores, es circulación, energía, entusiasmo y creación.

El siguiente recuadro intenta resumir las principales características de los tres dosha para así saber a cuál se pertenece. Recordemos que la forma tridóshica es la persona cuya diferencia entre Vata-Pitta-Kapha es menor al 15%, bidóshica (los más comunes) cuando la diferencia entre los dos primeros es menor al 15% y unidóshica o dosha simples, cuando los dos dosha restantes están a más del 15% del dominante.

ANATOMÍA: ESTRUCTURA FÍSICA

	VATA	PITTA	KAPHA
TAMAÑO AL NACER	Pequeño	Normal	Grande
ESTATURA	Muy alta o muy baja	Mediana	Alto o bajo y corpulento o robusto
PESO	Ligero	Mediano	Pesado
GANANCIA O PÉRDIDA DE PESO	Dificultad para engordar	Gana o pierde peso con facilidad	Le cuesta perder peso
ESQUELETO / ESTRUCTURA ÓSEA	Ligera, delicada. Caderas / hombros estrechos	Media	Grande. Hombros amplios / caderas anchas.
ARTICULACIONES	Pequeñas, delgadas, ruidosas, rígidas	Bien proporcionadas	Grandes. Bien formadas y lubricadas. Flexibles
MUSCULATURA	Poco marcada, tendones salientes	Mediana, firme	Llena, sólida
HOMBROS	Delgados, pequeños	Medios	Anchos, gruesos, firmes
BRAZOS	Delgados, o muy cortos o muy largos, poco desarrollados	Medios	Grandes, gruesos, redondos, bien desarrollados
MANOS	Pequeñas, finas, alargadas, secas, frías, ásperas, agrietadas	Medianas, cálidas, rosadas, proporcionadas	Grandes, dedos gruesos y cortos, grasas, frías, firmes
PIERNAS	Delgadas, demasiado cortas o largas, rodillas prominentes	Tamaño y musculatura media	Grandes, robustas
PIES	Pequeños o largos, delgados, secos, ásperos	Tamaño medio, suaves, rosados. Arco intermedio	Grandes, gruesos, fuertes, firmes. Dedos cortos y retacones. Tendencia al pie cavo

ANATOMÍA: CARACTERES FÍSICOS

	VATA	PITTA	KAPHA
PIEL	Fina, seca, oscura, fría	Clara, suave, lustrosa, cálida. Muchos lunares	Gruesa, pálida o blanquecina, grasa
PIEL DEL ROSTRO	Oscura	Rosada	Pálida
PELO	Fino, moreno, crespo o rizado	Fino, moldeable, rubio o castaño rojizo	Abundante, grueso, lustroso, ondulado
FORMA DE LA CARA	Alargada, angulosa, a menudo mentón poco desarrollado	En forma de corazón. A menudo mentón muy marcado	Ancha, plena, redondeada
CUELLO	Delgado. Muy largo o muy corto	Proporcionado, mediano	Sólido, grueso
NARIZ	Puede ser ganchuda, pequeña o estrecha	Definida, en punta, de tamaño mediano	Ancha, de punta achatada

ANATOMÍA: CARACTERES FÍSICOS

	VATA	PITTA	KAPHA
OJOS – TAMAÑO	Pequeños, estrechos o hundidos	Normales	Grandes, saltones
OJOS – COLOR	Oscuros, marrones o grises	Azul claro, gris claro, avellana	Azules o castaño claro
OJOS – BRILLO	Apagado	Intenso	Atractivo
DIENTES	Irregulares, salientes. Dientes sensibles. Tienden a prognatismo	Tamaño mediano, amarillentos. Tendencia a caries	Grandes, blancos. Fuertes, parejos, brillantes
BOCA	Pequeña, retracción de encías	Tamaño mediano, sangrado fácil de encías. Tendencia a aftas	Grande, encías carnosas
LABIOS	Finos, estrechos, tirantes	Normales	Carnosos, gruesos
ESCLERÓTICA	Parda	Rojiza	Blanca
VOZ	Rápida, ronca	Alta, aguda, penetrante	Baja, grave, lenta
CABELLO	Cantidad promedio	Poco, tendencia a la calvicie	Mucho
TENDONES	Muy visibles	Intermedios	Ocultos
VENAS	Prominentes	Intermedias	Profundas
EXTREMIDADES	Frías	Calientes	Frías o tibias
LENGUA	Agrietada, negruzca. Tiende a capa grisácea o rosada, fina y adherente	Cobriza. Tiende a capa amarillenta o anaranjada	Grande, ancha, sin capa o con capa blanca y gruesa en su superficie
UÑAS	Pequeñas, duras, secas, ásperas, quebradizas, agrietadas, oscuras. Mordidas. Pueden variar de forma entre sí	Medianas, blandas (algo gomosas), suaves, rosadas.	Grandes, gruesas, resistentes, suaves, blancas, simétricas.

FUNCIONES FISIOLÓGICAS

	VATA	PITTA	KAPHA
PREFERENCIAS DE TEMPERATURA	Añora el calor	Le encanta el frío	Le molesta el frío
CLIMA QUE MÁS LE INCOMODA	Frío	Calor	Humedad
TRANSPIRACIÓN	Mínima	Profusa, especialmente si hace calor. Olor corporal denso	Moderada, pero presente aún sin hacer ejercicio
DIGESTIÓN	Irregular	Rápida	Lenta
HAMBRE	Irregular	Bueno, no puede saltearse comidas	Regular, puede saltearse comidas

FUNCIONES FISIOLÓGICAS

	VATA	PITTA	KAPHA
COME	Rápidamente	Velocidad media	Lentamente, según estado emocional
COME MUCHO	Variable	Sí, mucho apetito	Intermedio
ALIMENTOS, BEBIDAS	Prefiere calientes	Prefiere fríos	Prefiere tibios
MOVILIDAD INTESTINAL	Constipado, gases. Heces secas y duras	Frecuente, dos veces por día. Heces blandas	Diario, heces formadas
ENGORDA FÁCIL	No	No	Sí
ADELGAZA FÁCIL	Sí	Sí	No
NIVEL DE ACTIVIDAD	Siempre haciendo muchas cosas. Agitado	Moderado	Apático
RESISTENCIA	Agota rápidamente su energía y necesita luego recuperarse	Controla bien su energía	Mucho aguante
SUEÑO	Ligero, irregular	Reparador pero corto	Profundo, dormilón
SUEÑOS	Monstruos, correr, volar	Peleas, hechos violentos	Agua, seres queridos
DESEO SEXUAL	Intenso, pasajero, fantasea	Fuerte, deseos y acciones a la par	Lento, mantiene después la pasión
FERTILIDAD	Baja	Mediana	Buena
PRESIÓN ARTERIAL	Baja	Alta	Media o alta
ORINA	Amarillo pálido	Naranja, posible ardor	Blanca espumosa
CAMINAR	Rápido, liviano	Velocidad media, determinado	Lento, suave y regular

ALGUNAS POSIBLES TENDENCIAS PSICOLÓGICAS

	VATA	PITTA	KAPHA
PENSAMIENTO	Superficial, con muchas ideas. Más pensamientos que hechos	Preciso, lógico, planea bien y consigue llevar a cabo sus planes	Tranquilo, lento, no se le puede meter prisa. Buen organizador
MEMORIA	Escasa a largo plazo aunque aprende y olvida fácilmente	Buena, rápida	Buena a largo plazo, pero le lleva tiempo aprender
CREENCIAS PROFUNDAS	Las cambia con frecuencia, según su último estado de ánimo	Convicciones extremadamente firmes, capaces de gobernar sus actos	Creencias firmes y profundas que no cambia con facilidad
TENDENCIAS EMOCIONALES	Temor, ansiedad, inseguridad	Ira	Codicia, posesividad
TRABAJO	Creativo	Intelectual	Asistencial, servicios

ALGUNAS POSIBLES TENDENCIAS PSICOLÓGICAS			
	VATA	**PITTA**	**KAPHA**
ESTILO DE VIDA	Errático	Ocupado, aspira a mucho	Constante y regular, quizás anclado en una rutina
CÓMO ENFRENTA UN PROBLEMA	Preocupación y temor	Se enoja, critica	Se deprime, come
ES RUTINARIO	No	Puede o no	Sí
CAMBIOS	Se adapta rápido, le gusta	Lo piensa mucho, ve si le conviene	No le gusta cambiar
CARÁCTER	Fácilmente excitable, tiene entusiasmo, vivacidad, locuaz	Fácilmente irritable, resuelto, le gustan los desafíos	Difícilmente irritable, tranquilo, afectuoso, de naturaleza dulce
HUMOR	Cambia rápidamente	Cambia lentamente	Estable
FINANZAS	Gana poco y gasta mucho	Gana mucho y gasta mucho	Gana y gasta con moderación
ACTIVIDAD MENTAL	Rápida, permanente, activa, imaginativa, alerta	Aguda, punzante, agresiva, perfeccionista, eficiente	Calma, constante, serena, estable
FORMA DE HABLAR	Se atropella al hablar	Agudo, claro, preciso	Lenta, pensada.

Más información de interés: la niñez es más Kapha (los niños están más propensos al asma, a las alergias, a las congestiones, y enfermedades tipo Kapha), el adulto es más Pitta (gastritis, problemas vasculares) y el anciano más Vata (más seco y quebradizo, demencias). Y con respecto al día: la mañana es Kapha, la tarde Pitta y la noche Vata. En cuanto a las estaciones del año: el verano es más Pitta (fuego), el otoño Vata (aire seco) y el invierno Kapha (más frío y húmedo).

En cuanto a la alimentación, Kapha, ya de por sí pesado, si come cosas pesadas como quesos y chocolates, se desequilibrará en ese aspecto (obesidad, edemas, congestiones, letargo) mucho más que los otros dosha.

El deterioro de Vata, Pitta y Kapha crea toxinas que circulan por todo el cuerpo y se depositan en sus sitios predominantes

El miedo reprimido, la ansiedad, la angustia… creará desequilibrio en Vata alterando posiblemente el colon y las articulaciones. La violencia y la ira contenida causarán desequilibrio en Pitta, se alterará el estómago y el intestino delgado. La envidia, la avaricia o la dependencia crearán desequilibrio en Kapha, alterando el estómago y los pulmones.

DOSHA COMBINADO O DWANDWA PRAKRITI

Antes vimos los biotipos simples y sus lugares de asiento, en los biotipos combinados (la mayoría somos combinados) se nombra primero al dosha más fuerte, que por lo general es el anatómico o metabólico.

Las combinaciones nunca son iguales, varían en proporción y cualidades. Los dosha combinados no se mezclan sino que permanecen cada uno con sus cualidades, y a veces se debe corregir un dosha a nivel mental y otro totalmente distinto a nivel corporal.

Existen 10 posibles dosha (Vata, Pitta, Kapha, las 6 combinaciones posibles y la samatridosha).

Veamos las combinaciones con algunas posibles características, ya que estas son innumerables:

VATA-PITTA-KAPHA

En algunas pocas personas, los tres humores o fuerzas existen en prácticamente iguales proporciones; como siempre lo primero que se trata es el desequilibrio, para poder hacerlo se tenderá a rebalancear el dosha disminuido o aumentado. En equilibro, poseen un excelente cuerpo, fuerte, resistente y ágil, con una mente que crea, sostiene y finaliza los proyectos.

En lo que refiere a la digestión, tienen samaagni o agni (fuego digestivo) balanceado; además gozan de muy buena circulación. En lo que hace a su psicología, las características del aspecto mental de un Tridosha tiene incontables posibilidades, ya que puede poseer cualquiera de las particularidades de los tres dosha.

Ante la duda, y como dicen en India los vaidyas (médicos ayurvédicos), "lo primero es equilibrar a Vata."

VATA-PITTA

Son personas de contextura delgada y movimientos rápidos, los más emprendedores y de intelecto agudo, sin ser muy extremistas.

Terminan las cosas que comienzan y pueden focalizar en una dirección con facilidad. Desequilibrados, alternan el miedo con la ira.

Tienen una digestión más fuerte y mayor resistencia al frío, al ruido y a las molestias físicas que el Vata exclusivo, aunque por lo general su circulación es pobre y el "calor" de su biotipo no alcanza para compensarlo, aunque los hay también con buena circulación. Necesitan el "lastre" de Kapha: los sabores dulces, ser pacientes, tener un poco más de estabilidad.

En cuanto a su psicología, son amistosos y conversadores aunque, en desequilibrio, se mueven entre actitudes defensivas y agresivas.

VATA-KAPHA

Tiene dificultades para identificarse ya que son signos opuestos, bipolares. Suelen ser de contextura delgada, por influencia de Vata, y tienen una fuerte tendencia a detestar el frío.

Por lo general, suelen sufrir digestiones irregulares o lentas, influenciadas por la falta de calor y poco fuego digestivo.

En lo que refiere a su psicología, sobresale la personalidad Kapha, lo que los hace estables, humildes y adaptables, aunque por ser muy sensibles pueden volverse emocionalmente inestables. Combinan la velocidad y la eficiencia para actuar, junto con la tendencia a dejar pasar las cosas para otro momento. Indistintamente, pueden tanto movilizar como activar la inercia. Aportan creatividad y movimiento a la pesadez y a la viscosidad mental; por lo tanto son tan excitables como serenos.

PITTA-VATA

Son personas de estructura mediana, más musculosa y fuerte que los Vata-Pitta. También tienen movimientos rápidos y de mayor resistencia.

Su digestión es más fuerte y con deposiciones más regulares que los grupos anteriores.

Su psicología los hace más obstinados, percibiéndose la intensidad de Pitta y, en menor grado, la liviandad de Vata. Enfrentan los desafíos y los problemas de buen grado y con entusiasmo, a veces hasta con agresividad. Ante la presión, tienen tendencia a combinar miedo y enfado, volviéndose tensos, ambiciosos e inseguros.

Las personas con este bidosha desequilibrado son encuadradas dentro de la Tipología Tipo A de tendencia al infarto agudo de miocardio.

Tres buenos sutra (máxima, axiomas o aforismos) para incorporar como tratamiento a este biotipo son:

1. Responder al día siguiente (para evitar reaccionar, sino accionar).
2. El otro siempre tiene razón (para poner en práctica antes de discutir y así poder enfriar todo desde el comienzo, poniendo inteligencia fría a las pasiones calientes y tal vez así poder llegar al punto 3)
3. Aprender es cambiar de opinión.

PITTA KAPHA

Se los reconoce por la intensidad y activo metabolismo Pitta, dentro de un potente y sólido cuerpo Kapha. Es un dosha especialmente favorable para los atletas de esfuerzo, ya que, tal vez, se trata de la combinación más fuerte.

Tienen una digestión de esas características y alta resistencia corporal, combinación que les brinda una excelente salud física. Les resulta difícil abstenerse de comer y son dados a la competitividad.

En el aspecto psicológico, su comportamiento muestra la fuerza y la tendencia al enfado y la crítica, más que la serenidad y estabilidad de Kapha. Aceptan desafíos y son constantes, también suelen elaborar teorías y sostenerlas. En desequilibrio, pueden ser dominantes, controladores y posesivos.

Es un dosha que se adapta a los cambios a causa del buddhi (intelecto) de Pitta y la estabilidad de Kapha.

Pitta tiene dificultades con la grasas (Kapha también, pero más con el azúcar).

Si en Pitta la bilis y otras enzimas digestivas son producidas en exceso (como lo requieren las grasas) crean mucho más calor, resultando síntomas como gastritis, colitis, etc.

KAPHA-PITTA

Son redondos de cara y de cuerpo, por causa de la mayor proporción de grasa. Tienen movimientos más relajados y más lentos, a la vez que son los más resistentes y estables. Se sienten bien si hacen ejercicio regularmente.

Su digestión es más lenta o más débil que cuando existe predominio de Pitta.

En su psicología combinan la actividad con la inercia y la pereza de Kapha. Además, son más lentos y metódicos que las personas exclusivamente Pitta, aunque intelectualmente son más profundos. Combinan mejor el pensamiento con las emociones. En desequilibrio, sufren cierta tendencia al fanatismo.

KAPHA-VATA

Son mas corpulentos y atléticos y tienen mayor resistencia en comparación con Vata, (no quiere decir que sean corpulentos ni de gran resistencia). Además son más inconstantes en su estabilidad que quienes son solamente Kapha.

Sus digestiones tienen tendencia a ser irregulares y suelen no soportar el frío.

Psicológicamente, acostumbran ser más lentos, relajados y estables, llegando a veces a ser estables también en su irregularidad. Tienen rapidez en la toma de decisiones, son sociables y buenos comunicadores. Son el biotipo con las ideas más organizadas.

ACERCA DE LA TRIDOSHA

Entender la tridosha sirve para refinar nuestra alimentación.

Los Vata son los menos interesados en la comida y los que la necesitan más por su tendencia a la debilidad.

Vata son los más sensibles, también los más espontáneos, flexibles y débiles; están interesados en cosas a corto plazo, son los menos conformistas de todos, creativos, imaginativos e innovadores. Vata debería evitar siempre la comida cruda y las bebidas frías en cambio Pitta, tranquilamente, puede consumirlas, por supuesto, teniendo en cuenta el clima.

Los Pitta tienden a comer de más, con muchos fermentados y picantes… por eso son dosha; tienen tendencia al desequilibrio.

Kapha son amantes del confort y la seguridad, a tal punto, que buscan esta última a través del amor o del alimento, por eso necesitan ser amados y pueden volverse codiciosos.

Los Kapha son los que menos resistencia tienen a los dulces.

LOS MAHA GUNA

Maha significa grande, supremo. Guna: cualidad, característica.

Todos los objetos en el universo dependen de los guna, aquella variada combinación de tres cualidades o fuerzas sutiles, que, inclusive, forman a los 5 elementos. Ellos son el universo en sí mismo:

Los tres guna son:

- Sattvas: principio de la pureza; imparte inteligencia, equilibrio.
- Rajas: principio del movimiento; energía, causa desequilibrio, pero también creación.
- Tamas: principio de la inercia; sustancia, materia.

En la materia no-manifestada (llamada purusha), los tres guna se encuentran en perfecto equilibrio. Ni Sattvas ni Tamas pueden por sí solas entrar en actividad; requieren el impulso del motor y de la acción de Rajas para ponerse en movimiento y desarrollar sus propiedades características.

Sattvas, a nivel mental, es amor y paz a todo y todos sin condicionamientos. La acción correcta, la más natural. Dharma.

Rajas es energía, movimiento, transformación, cambio... y también puede ser fuente de sufrimiento, angustia y estrés.

Tamas es materia y estabilidad. Naturaleza. De Tamas nacen los pancha maha bhuta o cinco grandes elementos; aunque en desequilibrio también da como características la lentitud, la oscuridad, la inercia y la estupidez.

Al ser Rajas un puente hacia Tamas o Sattvas, se podría hablar de un estado rajásico sáttvico, rajásico puro o rajásico tamásico.

Los tres guna van juntos siempre, y al igual que los dosha, lo que varía es su proporción.

Pensamiento, alimento, actitud, acción, lugares, compañías... en todo están presentes los guna.

SATTVAS

Su raíz es Sat, que significa verdad, realidad.

Es discernimiento (elección con el intelecto, no con la mente) y conciencia pura. Amor y paz a todo y todos, sin condicionamientos. Es la acción correcta, la más natural, de naturaleza liviana y luminosa, y posee un movimiento interno y ascendente causando el despertar del alma. Provee felicidad y satisfacción duradera. Es el principio de la claridad, la amplitud y la paz, el amor, el autocontrol y el autoconocimiento. Es pureza, veracidad, fe, valentía, devoción, inocencia, humildad. Además, une todas las cosas y es también adaptación, aceptación y discernimiento.

Sattvas significa "esencia pura"; es el principio de la claridad, la amplitud y la paz, es la fuerza del amor que une todas las cosas.

Es la cualidad de la inteligencia, la virtud, la bondad, la armonía, el balance, la estabilidad, el servicio, el respeto y la creación. De naturaleza liviana y luminosa; posee un movimiento interno y ascendente que causa el despertar del alma. Sattvas provee felicidad y satisfacción duradera.

Representa la cualidad etérea pura, la mente meditativa.

Posee los mejores atributos de rajas (la energía) y tamas (la estabilidad).

Veamos ahora algunos atributos en el estado sáttvico:

- Santosha o aceptación.
- Vichara o auto indagación.
- Jñana, vidya o atma bodha: auto conocimiento.
- Viveka, discernimiento.
- Vairagya, desapego
- Dharma, excelencia, lo más cercano a la naturaleza.
- Sama Chitta - Buddhi - Manas, alineación conciencia - intelecto - mente.
- Shrddha: fe.
- Dhairya: coraje.
- Ahimsa: no violencia.
- Prema: amor.
- Shanti: Paz.
- Sat-chit-ananda: verdad-conciencia-felicidad sin causa, plenitud, estar en uno mismo

La mente sáttvica (léase como se escribe) vibra con pensamientos, alimentos y acciones sáttvicas.

Lo sáttvico no es solo lo que pasa, sino también cómo uno re-acciona con lo que sucede. Es lo que tiene la misma naturaleza que la verdad y la realidad.

Para el Ayurveda, los alimentos sattvicos son los que se encuentran como tales en la naturaleza (frutas, verduras, legumbres, cereales, frutas secas, semillas) y se encuentran cerca de la energía del sol, por lo tanto aportan prana, a diferencia de los alimentos procesados que nos quitan energía debido al largo proceso que debe hacer el cuerpo para digerirlos y eliminar sus desechos. Así, los alimentos sáttvicos son frescos, de estación, preparados en el momento, acordes al dosha y los desequilibrios. Aunque también podemos incluir entre ellos, y en la dosis apropiada, nuestra comida preferida preparada con mucho amor por la abuela, o una cena disfrutada con amigos, ya que la preparación y el ambiente en que consumimos los alimentos también influyen en su cualidad (y principalmente en la mente que la digiere).

RAJAS

Rajas significa mancha o humo. Mente agitada por el deseo

Es inestable, reactivo y re activo. Es energía, movimiento, transformación, cambio, y también puede ser fuente de sufrimiento. Es la única fuerza con movimiento (sattvas y tamas son inertes). Rajas no produce el movimiento, es movimiento. Es la naturaleza del dolor y la movilidad y el estímulo. A Rajas lo mueve el deseo y, a la vez, ese deseo mismo es energía. Es también la fuerza del Big Bang, la que permite evolucionar, cambiar, transportar. Sin embargo posee un movimiento externo y conduce a la proyección, a la fragmentación y a la desintegración. Inicia el desequilibrio que perturba la armonía existente, puede vérselo como viento (hawa, vayu, vata, prana todas distintas formas de denominar al viento).

Rajas es la cualidad del cambio, la actividad, la turbulencia y la evolución. Inicia el desequilibrio que perturba la armonía existente y es la fuerza que mueve a las otras guna.

A corto plazo, es estimulante y placentero, pero debido a su naturaleza perturbadora intrínseca, rápidamente se puede convertir en dolor y sufrimiento.

Es la energía tras los deseos, las pasiones, las emociones y los pensamientos. Es la fuerza de la pasión que causa aflicción y conflicto; la que busca alcanzar, crear, ejecutar; es la causalidad del poder terrenal y del impulso sexual, la conquista, la competencia, la victoria,

Los alimentos rajásicos incluyen yerbas y condimentos picantes. Son demasiado salados o dulces, muy amargos, muy calientes, muy ácidos o picantes, etc.; todo lo que sea demasiado no es bueno, es rajásico yendo a lo tamásico.

Sattvas y Tamas ayudan a inactivar y aquietar la mente para que logre sus funciones.

Es la cualidad del cambio, la actividad y, en desequilibrio, la turbulencia dominada por el ego, Ahamkara.

Rajas está motivado en la acción misma, siempre buscando una meta o fin que le da poder o evolución.

ALGUNOS ATRIBUTOS EN EL ESTADO RAJÁSICO:

- Gati, movimiento.
- Samkalpa: atención e intención.
- Chitta vritti: agitación mental.
- Prana: energía.
- Raga-dvesha: atracción-repulsión.
- Lobha: codicia.
- Moha: infatuación, pasión desmedida.
- Kama: placer, lujuria.

TAMAS

Tamas: inercia, quietud. Es materia y estabilidad.

De Tamas nacen los pancha maha bhuta (los cinco grandes elementos). Es la cualidad de la materia, de la estabilidad, la unión, la cohesión, la adhesión y la resistencia. Es el principio de la pasividad y la negatividad de las cosas. Opuesto a Sattvas, es pesado y, en oposición a Rajas, es reprimido o contenido. En desequilibrio, produce ignorancia y oscuridad y conduce a la confusión. Induce al sueño, pereza, adormecimiento y a un estado de apatía e indiferencia por obstrucción del principio de actividad en el cuerpo.

Tamas, a nivel mental, es la cualidad de la estupidez, la torpeza, la oscuridad y la inercia. El ego identificado tamásico genera dolor, desconexión emocional, separación, una fuerza destructiva y auto destructiva.

Posee un movimiento descendente que produce decaimiento y desintegración, causa ignorancia y delirio en la mente y promueve la insensibilidad, el sueño y la pérdida de conciencia. Es el principio de lo material y la inconsciencia que forman un velo sobre la conciencia. En el ser humano, se refiere a las características de glotonería, indulgencia y flojera. Tamas también es apego, materialismo, bajeza, mentiras y violencia. Los alimentos recalentados, procesados y congelados son tamásicos, al igual que si guardamos las preparaciones por uno o más días. Por eso es ideal comer los alimentos inmediatamente después de prepararlos. Los productos que comienzan a oler también tienen esta característica, así como el microondas, pues destruye el prana. Los alimentos tamásicos incluyen todas las formas de carne, así como el alcohol, los fármacos y las drogas.

ALGUNOS ATRIBUTOS EN EL ESTADO TAMÁSICO:

- Adharma: acción incorrecta.
- Ajñana o avidya: ignorancia.
- Avairagya: apego.
- Hatha: testarudez.
- Avarana: negación.
- Asakti: imperfección, lo que no está cercano a la naturaleza.
- Himsa: violencia.

- Vikshepa: proyección.
- Viyoga: desunión.
- Bhaya: miedo.

Los alimentos rajásicos agravan la fuerza Vata y Pitta, los tamásicos la de Kapha y el ama.

La acción es activar el fuego en todo sentido, digestivo y del intelecto, para lidiar con el ama físico y mental. De tamas a rajas con acción, voluntad, agitación, energía.

Todos, en ciertas situaciones, estamos gobernados por alguna de las tres guna, inclusive tamas. Ni los maestros más espirituales escapan a ello.

Veamos un pequeño resumen de estas fuerzas de la naturaleza a nivel mental:

SATTVAS	RAJAS	TAMAS
Virtud, paz, aceptación, hacia adentro	Actividad, competencia, hacia afuera	Embotamiento, inercia, hacia abajo
Crea armonía	Crea cambio	Crea inercia
Movimiento hacia adentro y también afuera	Se mueve hacia afuera. Se fragmenta y disgrega	Es obstrucción y velamiento
Clara y luminosa, amor a todos y todo	Posesividad y búsqueda de poder	Oscuridad, depresión, apego, codicia.
Búsqueda espiritual	Visión enfocada en otra dirección.	Dificultad en percibir y conectarse con lo espiritual
Son amorosos y compasivos, sin apego	Aman por interés, con reclamo o expectativas	No les importan los demás.

Y ahora, un pequeño cuestionario sobre nuestro estado mental actual, para conocer una clasificación de dosha y guna.

	SATTVAS	RAJAS	TAMAS
IMPRESIÓN DOMINANTE	Calma, pureza, alegría	Mezclada, hacia afuera	Alterada, depresiva.
PAZ MENTAL	Generalmente	Parcial	Raramente
DIETA	Vegetariana	Algún consumo de carnes blancas	Gran consumo de carnes rojas
DROGAS	Nunca	Ocasional	Frecuente
ALCOHOL Y ESTIMULANTES	Nunca	Ocasional	Frecuente
SUEÑO	Poco y profundo	Poco y superficial	Excesivo
ACTIVIDAD SEXUAL	Baja	Moderada	Alta
CONTROL DE LOS SENTIDOS	Bueno	Moderado	Débil
HABLA	Calmado y pacífico	Agitado	Apagado
LIMPIEZA	Alta	Moderada	Baja
TRABAJO	Desinteresado	Por objetivos personales	Pereza
IRRITABILIDAD	Infrecuente	A veces	Frecuente
MIEDO	Infrecuente	A veces	Frecuente
DESEO	Poco	A veces	Mucho
ACEPTACIÓN	Frecuente	Parcial	Nunca
PERDÓN	Perdona con facilidad	Con esfuerzo	Rencor prolongado
CONCENTRACIÓN	Buena	Moderada	Pobre
MEMORIA	Buena	Moderada	Pobre
VOLUNTAD	Fuerte	Variable	Débil
VERACIDAD	Siempre	Generalmente	Raramente
HONESTIDAD	Siempre	Generalmente	Raramente
CREATIVIDAD	Alta	Moderada	Baja

Los dosha son para el cuerpo físico más sus tendencias mentales, pero los guna son quienes dictaminarán finalmente la naturaleza mental. La mente no es el dosha que genera cierta tendencia, sino el guna que re dirige esa tendencia. También se podría decir que hay dos tipos de dosha o desequilibrio: sharira dosha (del cuerpo físico, o sea Vata, Pitta y Kapha) y mano dosha (del cuerpo mental, o sea rajas y tamas son dosha, pues vician la mente; sattvas, no).

El predominio del guna indica la constitución mental de la persona; veamos algunas posibilidades de este cruce.

VATA	
SÁTTVICO	Energético, adaptable, flexible, rápido en comprender, creativo, con entusiasmo, sentido de la humanidad, iniciador, emprendedor. Abre puertas y caminos, es veloz y vital (prana).
RAJÁSICO	Indeciso, poco creíble, fantasioso, ansioso, agitado, cansado, superficial. No puede parar de hablar, ni puede dormir bien por el viento. Se queja de los dolores al principio y luego de todo.
TAMÁSICO	Miedoso, servil, deshonesto, auto destructivo, adicciones, perversiones sexuales, disturbios mentales.

PITTA	
SÁTTVICO	Inteligente, claro, preciso, discriminativo, perfeccionista, guía, líder, corajudo, amigable. Catedrático, investigador, deportista, noble, juicioso.
RAJÁSICO	Impulsivo, ambicioso, agresivo, controlador, dominante, hipercrítico, orgulloso, vano, soberbio, competitivo, voyeurista. Compara, opina, se burla, menosprecia, descalifica
TAMÁSICO	Odioso, vil, iracundo, destructivo, psicópata, infatuación criminal, traficante de drogas, violento, violador. En este estado, Pitta está "ciego de ira".

KAPHA	
SÁTTVICO	Pacífico, calmo, estable, animoso, contento, tolerante, paciente, devoto, receptivo, leal, perdonador. Es un escucha y un "opinador" perfecto. Memoria y resistencia admirables.
RAJÁSICO	Controlador, orgulloso, testarudo, materialista, necesidad de seguridad, búsqueda de confort y lujuria. Su apego lo lleva a "engancharse" a la otra persona.
TAMÁSICO	Apático, depresivo, aletargado, inerte, obtuso, ladrón, poco comprensivo, insensible. Avaro, no acepta cambios.

El cuerpo físico se puede representar como tamas, el mental como rajas y el espiritual como sattvas.

La triguna sattvas, rajas y tamas, son considerados como factores de la mente, y son los responsables de las diferentes actitudes y humores.

Rajas es el puente, puede ser rajas sáttvico, rajas rajásico o rajas tamásico. El movimiento mental puede ser un puente hacia el cielo o el infierno.

Claro que, como son las fuerzas que forman todo, inclusive a los mismos elementos, existirán sonidos sáttvicos, olores tamásicos, visiones rajásicas y alimentos ídem, que es lo que veremos en este libro.

TRIKALADOSHA. LOS DOSHA EN EL TIEMPO

El día y la noche, la niñez y la vejez, el clima… todos los tiempos impactan en nuestro ser, a esto se lo conocen como trikaladosha, o los tres efectos del tiempo:

- Dinadosha: efecto del tiempo en las horas del día (ratridosha es durante la noche).
- Rutudosha: efecto del tiempo durante las estaciones del año.
- Vayamdosha: efecto del tiempo en la edad o épocas de vida.

No es lo mismo un dosha a los 70 años que a los 10, al mediodía que a la noche, en verano o en invierno. Es por esto que no se puede seguir una dieta de revista, igual para todos, en cualquier momento del año, hay que tener una mente que comprenda éstas variables, y a partir de ahí, tomar decisiones y accionar en consecuencia.

Achara es el comportamiento, los estilos de vida o las actividades de la vida diaria (AVD); de ahí el nombre trikalacharya (dinacharya, rutucharya y vayamcharya), el comportamiento balanceado, inteligente, que no es más que estar en resonancia, establecido con uno mismo y con el macrocosmos.

DINADOSHA Y DINACHARYA, LAS HORAS DEL DÍA

La dinadosha es el efecto de las horas del día, dinacharya sería actuar respetando nuestro ritmo circadiano (circa: alrededor, diano: día) desde el punto de vista ayurvédico.

El horario donde predomina la fuerza Vata es de 2 a 6 (am y pm), el horario donde predomina la fuerza Kapha es 6 a 10 (am y pm) y el horario donde predomina la fuerza Pitta 10 a 2 (am y pm.)

Las 6 es la hora en que uno debería levantarse, al alba, el fin del horario Vata, para no caer en la pesadez del horario Kapha. El movimiento de Vata favorece la eliminación de los desechos.

De 6 a 10 am, es el horario Kapha, apto para actividades físicas o de fuerza.

Si bien es conveniente desayunar con frutas frescas y té de hierbas, tampoco hay una fórmula exacta, ya que algunos necesitan combustible apenas se levantan, mientras que otros a media mañana. Eso sí, la comida principal debe ser al mediodía.

Para el Ayurveda, el macrocosmos se corresponde con el microcosmos. Las fuerzas dóshicas, entonces predominan, en cierto horario, por ejemplo a la hora del almuerzo, predomina Pitta con su poder digestivo y transformador, por medio del agni.

Es recomendable, siempre luego de comer, dar un par de vueltas a la manzana o caminar por ahí, para evitar la siesta (¡sobre todo Kapha!).

La tarde, de 2 a 6 pm, es dominada de nuevo por Vata, que estimula el movimiento y el trabajo. El único que podría dormir siesta es Vata, en invierno. Claro que hacer dormir a Vata una siesta es la misma proeza que hacer que Kapha no la duerma.

Ratricharya es la conducta a la noche. A las 12 de ésta también es fuerza Pitta pero ya para el metabolismo y la acción glandular, no para el poder o fuego digestivo.

A la noche baja el sol y con él nuestro agni o poder digestivo, por lo cual, deberíamos comer menos…. y más temprano.

Sandhikala es la unión o articulación del tiempo, o sea amanecer y atardecer, una hora después de que se pone el sol y una hora antes de salir, Vagbhata dice que hay cinco cosas uno no debería hacer: comer, dormir, tener sexo, salir de la casa y estudiar. Uno debería comer antes de ponerse el sol.

La cena debe ser temprana y fácilmente digerible, poca y liviana con un espacio de tres horas, como mínimo, antes del sueño. Lo ideal es acostarse temprano (22-23 hs).

De 2 a 6 am gobierna Vata moviendo las impurezas del cuerpo; por eso, por lo general, en estas horas el sueño es más liviano, ligero, con imágenes oníricas, ya que la mente se está moviendo.

RUTUDOSHA Y RUTUCHARYA, LAS ESTACIONES DEL AÑO

Es el ritmo circanual. El fin de la primavera y el verano aumentan a Pitta; el otoño y el principio del invierno, a Vata; el invierno y el comienzo de la primavera, a Kapha.

El esquema sería el siguiente, teniendo en cuenta el número de los meses del año:

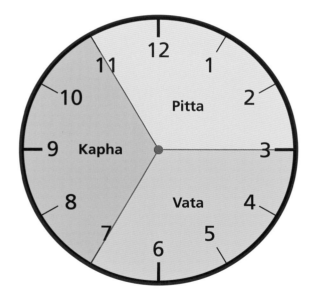

Una aclaración: esto se corresponde con los meses acorde a las estaciones en el hemisferio Sur. En otoño, Vata domina el medio ambiente, como al inicio del invierno.

El fin del invierno, frío y húmedo, el elemento tierra y agua son los que predominan, y Kapha estará dominando nuestra constitu-ción. El cuerpo se protege a sí mismo por la contracción y la retención de sus sustancias, y acumula.

En el inicio de la primavera, el sol calienta el aire, la nieve se derrite, hay florecimiento y es época de alergias. Continúa la época Kapha.

En el fin de la primavera y el verano, Pitta aumenta principal-mente con todos sus fuegos. El cuerpo se defiende aumentando su transpiración.

En verano podemos comer más frío y en invierno más pesado. Si el clima es seco, debemos elegir un alimento oleoso.

El verano y fines de primavera desequilibran a Pitta, el otoño y principio de invierno a Vata, el invierno y el principio de primavera a Kapha.

El otoño es frío, seco y ventoso; o sea, reúne las mismas cualida-des que Vata, por ende tenderá a desequilibrar esa fuerza.

Todos los dosha deberían empezar a hacer un cambio de ruti-na quince días antes de los cambios de estación. Vata, por ejem-plo, debería empezar a aceitar su cuerpo y modificar su dieta des-de fines de verano para prevenir el cambio de clima o estación. En otoño, sobre todo para Vata, son convenientes las comidas oleo-sas, calientes, pesadas. Se recomienda oleación interna y externa, para mantener la lubricación en el cuerpo. Aumentar el consumo de bebidas tibias-calientes. Sopas y porotos mung.

Una rutina alimentaria para apaciguar Vata y Pitta (sobre todo en el comienzo del otoño) es reducir el uso de especies picantes (secan).

El fin del invierno es frío y húmedo, los elementos Tierra y Agua son los que predominan y Kapha estará dominando nuestra constitución. El cuerpo se protege a sí mismo por la contracción y la retención de sus sustancias. En esta estación, se debe tener en cuenta lo siguiente:

• Mantener el calor con la ropa, tomar duchas calientes y comer comida caliente.
• Aumentar el agni y proteger al cuerpo del frío.
• Hacer ejercicio.

- Oleación externa e interna con ghee (manteca clarificada) si no hay desequilibrio Kapha.
- Colocarse ghee en ambas orejas para lubricar la sequedad y ambas narinas, para que los alérgenos del aire queden atrapados y no ingresen a las vías respiratorias.
- Baños de sol.
- Aceite extra virgen de primera presión en frío (sésamo, oliva).
- Pranayama o respiraciones calentantes.

En el inicio de la primavera, el sol calienta el aire, la nieve se derrite, hay florecimiento y es época de alergias. Si no eliminamos las toxinas que acumulamos en el invierno, éstas aparecerán acompañadas de mucosidad. Continúa la época Kapha y es por esto que la primavera es la mejor estación para realizar depuraciones. En este caso, las recomendaciones son:

- Gárgaras con solución salina, se realizan por la mañana y se debe limpiar la nariz y la garganta.
- Baños de viento.
- Continuar con una ducha caliente para dilatar los canales corporales, esto ayuda a eliminar a Kapha del cuerpo.
- Vestirse con ropas calientes hasta que desaparezca el frío del medio ambiente.
- Swedana o terapia del sudor, baños turcos húmedos previa hidratación.

Durante el fin de la primavera y principalmente en el verano, el sol y Pitta aumentan con todos sus fuegos. El cuerpo se defiende incrementando su transpiración. En esta estación, las recomendaciones son:

- Comida más liviana. Vestir ropa también más liviana.
- Baños de luna (a propósito de la luna, es notable cómo influye en todo lo que tenga agua: el planeta tierra, los animales, la mente. En luna llena pueden agravarse los ataques de histeria, epilepsias y neurosis).
- Pranayamas enfriantes.
- Más alimentos líquidos y refrescantes.
- Reducir el picante, lo salado y lo ácido.
- Consumir jugos y frutas.
- Reducir la exposición al sol.
- Evitar el ejercicio extenuante.

VAYAMDOSHA Y VAYAMCHARYA, EDAD DE VIDA

Estamos hablando de la rutina (vayamcharya) según la fuerza dóshica que predomina en la edad (vayamdosha).

Según el Ayurveda, nuestro desarrollo, desde el nacimiento hasta la muerte, también se ajusta a un ciclo de los dosha. Kapha gobierna el crecimiento en general y el desarrollo de los tejidos corporales. La infancia hasta los 15 años representa una edad de fuerza Kapha, y por ende los chicos están más predispuestos a dormir más, comer más y a los desequilibrios Kapha, como ser alergias, asma, obesidad, apego, problemas respiratorios, etc. Y los tendrá más si es un niño que, naturalmente, posee un biotipo con tendencia a los desequilibrios Kapha (o al menos estará más predispuesto). Desde ya que un buen tratamiento para todos los desequilibrios Kapha es bajar el consumo de lácteos, manteca, yogur, los dulces como alfajores, galletitas, azúcar, chocolates, caramelos…

Como Kapha es anabólico por excelencia, la piel por lo general es perfecta, rozagante, lubricada, brillosa… Está creciendo (la famosa piel de bebé).

A los 15 años, aproximadamente, las alergias y las congestiones empiezan a bajar; comienza la edad de fuerza Pitta, con su despertar hormonal más el posible acné, gastritis o diarreas a cuestas. Aquel que sea Pitta, por lo tanto, tendrá más acné o rosácea.

La edad Pitta es hasta los 55 o 60 años (difieren los autores), luego viene lentamente la sequedad de la edad Vata.

El prana no es el mismo de antes, con el correr de los años aumenta la fuerza Vata y puede haber más miedo, temor, angustia, insomnio, dolores, baja la atención de los sentidos, etc. La vejez es una etapa propensa al desgaste óseo y más si es Vata. Luego, en la etapa final de vida (77 años o más), retorna la fuerza Kapha-Vata. Es decir, los viejos se vuelven niños.

Vata (y todos) debería lubricar diariamente la piel con aceites de sésamo o acordes, sobretodo antes del otoño y durante toda la temporada de frío.

Kapha, que es puro agua, no se desequilibra tanto con la edad ya que se va secando; Vata como es seco, al contrario, se desequilibra más con el paso del tiempo.

La alergia y desequilibrios Kapha ceden con el tiempo; los desequilibrios Vata, como ser reuma, sequedad o constipación, se agravan; por eso Vata es el que más debería estar atento a las rutinas y cambios estacionales.

En la infancia se come más que en la vejez, y a medida que crecemos, deberíamos comer menos (sobre todo luego de los 35 años).

Al atender el alimento, atendemos el sistema inmune, nervioso, óseo, influimos en nuestros tejidos, en nuestros humores y desequilibrios…

El alimento es lo que será nuestro futuro cuerpo, por eso es importante el entendimiento de las leyes de la alimentación, en cuanto a su calidad, cantidad, armonía y adecuación. Es lo que tratamos de explicar en este libro y el motivo de largas pláticas entre los autores. A modo de ejemplo:

Noelia: Tenemos que hacer platos sáttvicos para cada dosha, pero también para su desequilibrio…

Lucía: Bueno, por ahí está equilibrado… Entonces faltan acorde a los guna…

Noelia: Además hay que considerar aspectos del clima, la actividad física, la edad, la época del año.

Fabián: Y los biotipos combinados.

Lucía: Y no olvidemos la capacidad de digerir también… ¡su agni!.

Noelia: O la presencia posible de ama.

Charlas como ésta, originaron estos capítulos previos a las recetas, para como dicen las Upanishads, "comprender aquello, que una vez comprendido, hace comprender todo lo demás".

LA ALIMENTACIÓN

Aunque alimentación y nutrición se utilizan frecuentemente como sinónimos son en realidad términos diferentes: la nutrición hace referencia a los nutrientes que componen los alimentos, y comprende un conjunto de fenómenos involuntarios que suceden tras la ingesta de los alimentos, es decir: la digestión, la absorción o paso a la sangre desde el tubo digestivo de sus componentes o nutrientes, y su asimilación en las células del organismo. Los nutricionistas son profesionales de la salud que se especializan en esta área de estudio, y están entrenados para el tratamiento nutricional de enfermedades o la adecuación de la alimentación a diversas situaciones fisiológicas.

La alimentación comprende un conjunto de actos voluntarios y conscientes que van dirigidos a la elección, preparación e ingesta de los alimentos, fenómenos muy relacionados con el medio sociocultural y económico y determinan, al menos en gran parte, los hábitos dietéticos y estilos de vida. Por eso, al tratarse la nutrición de un acto orgánico involuntario, es incorrecto hablar de que sea buena o mala, cuando se habla de una ingesta adecuada o inadecuada de alimentos. El término correcto es una buena o mala alimentación.

La dieta son los hábitos alimenticios de un individuo, y no tiene por qué estar enfocada en la obesidad o el tratamiento de ninguna patología. Dieta, entonces, es lo que come el individuo habitualmente.

La digestión es el movimiento de la comida dentro del sistema gastrointestinal, desmenuzarla con enzimas, absorberla y luego distribuir los nutrientes por sangre para luego eliminar los productos de desecho.

Vemos, finalmente, que el fuego digestivo, o sea la capacidad de digestión, de Pitta es muy fuerte; el de Vata; irregular; y el de Kapha, lento.

En la Bhagavad Gita se afirma que cada uno es lo que come y come según lo que es. Pocas veces uno se detiene a pensar que lo que come va a nutrir y formar directamente nuestras neuronas, fibras o células musculares, y huesos.

Repasemos, una vez más, la perfecta definición de alimento según el Ayurveda: alimento es todo lo que entra por lo sentidos, nos alimenta lo que comemos, lo que oímos, vemos, tocamos, olemos…. mi pareja, el trabajo, el día, la noche, las estaciones, las edades, la lluvia, el clima, la luna, el alimento… Todo crea diferentes efectos en el cuerpo físico. Todo moldea, forma, sostiene e influye en nuestra mente.

Nosotros tenemos el control de las puertas de la percepción, decidir qué es lo que nos alimenta: qué comemos, qué vemos, con quién estamos, qué escuchamos.

Según el Ayurveda, para digerir el nutriente existe el fuego digestivo y para digerir las emociones está el fuego del intelecto, que es el único fuego que puede enfriar, pues permite ver realmente lo que pasa, ver que el problema, en realidad, es uno mismo.

Ahara es el nombre ayurvédico para la alimentación y pathya, la senda para la correcta dieta y estilo de vida.

Obsesionarse con la alimentación no es la solución, como tampoco lo es el ser indulgente o no atenderla; muchas veces el poder de la mente y del pensamiento puede hacer estragos más allá del plato que comamos; y, al revés, puede ser inocuo algo que no sea conveniente para nosotros.

Qué comemos, cuánto, cómo, con quién, porqué... va todo acorde a nuestra mente, por lo tanto, todo cambio en la alimentación debería ser consecuencia de un cambio mental, de un aprendizaje y no una imposición, ya que aprender es cambiar de opinión.

Veamos ahora las leyes de la alimentación según Vagbhata, clásico del Ayurveda que son muy simples y perfectas:

1) CALIDAD (HITBHUKA)

Lo que significa hoy en día no consumir embutidos, la llamada comida chatarra, el café, el alcohol, las comidas recalentadas o congeladas, no utilizar el microondas, fast food, azúcar y harina blanca.

También hay que tener en cuenta la relación del nutriente con los guna, lo que deriva en la siguiente clasificación de los alimentos:

- Alimentos sáttvicos: ayudan a que la mente esté más clara y que permanezca centrada. Son beneficiosos tanto para ésta como para el cuerpo. Posibilitan a Vata tener una mente y un cuerpo más calmo, a Pitta manejar la impaciencia y la irritabilidad y a Kapha le otorgan más ligereza y flexibilidad. Entre ellos están la miel, la mayoría de los vegetales frescos, de las frutas frescas, los granos frescos preparados, un gran número de legumbres, las almendras, la leche de madre, el ghee (con moderación), la mayoría de las semillas, nueces, aceites de presión por frío, y un largo número de endulzantes naturales como la yerba dulce o stevia y el azúcar de caña.

- Alimentos rajásicos: estimulan el fuego, el movimiento hacia afuera, la pasión y la agresión. Comprenden la mayoría de los alimentos fermentados, yogur, ajo, pimientas de todo tipo, huevos, quesos y manteca, pescados, azúcar blanca refinada, algunas legumbres (garbanzos) palta, cítricos y jugos de frutas envasados, aceitunas, carnes de ave y pescados.

- Alimentos tamásicos: incrementan la oscuridad interna y la confusión. Generan adormecimiento, depresión e inercia. No son buenos ni para la mente ni para el cuerpo. Incluyen la mayoría de las comidas rápidas y fritas, congeladas, cocinadas con microondas, procesadas, las sobras, los platos recalentados. También comprenden el alcohol, las drogas, los compuestos químicos y los endulzantes artificiales, la carne de vaca y de cerdo: los embutidos, las salchichas o chorizos y los quesos duros.

Todos sabemos que existen suelos pobres, mal fertilizados, con insecticidas, herbicidas, con cosechas prematuras y maduración artificial. Imaginen la calidad de los alimentos que allí se producen. Y eso puede empeorar con los transgénicos, clonados, manipulados... inclusive las semillas para plantar ya están modificadas genéticamente.

Por eso es conveniente tener una huerta en el balcón, ir más a dietéticas, comprar en mercados itinerante y, si es posible, directo del campo.

Nuestro cuerpo y todo lo que existe es un producto del pensamiento, y para que este sea preciso y claro, es menester, pues, una alimentación sublime, sáttvica, acorde.

2) CANTIDAD (MITBHUKA)

Lo que significa no llenar más de las 2/3 partes el plato ni del estómago, siempre es conveniente quedarse con una leve sensación de hambre.

Los que podemos económicamente, comemos casi siempre de más... y por más que las nueces o la miel sean sáttvicas, si comemos 3 kilos por día dejan ya de serlo...

Sin lugar a dudas, para empezar, la mejor dieta es que comamos exactamente la mitad de lo que comemos hoy. La posibilidad de un ayuno semanal con dieta líquida es una opción muy sabia. (por supuesto, hay muchos que quedarían excluidos: los que están en etapa de crecimiento, embarazadas, anoréxicos, tuberculosos, anémicos, etc.).

En estudios de laboratorio ya está probado que la restricción calórica adecuada, alarga la vida.

Mucho podemos decir sobre la cantidad adecuada de alimento que podemos consumir, en volumen, en peso, etc. pero en realidad la única regla que vale para éste punto es que cada uno debería consumir sólo la cantidad que su organismo le permite digerir. Esto nos obliga a estar más presentes y tener más conciencia durante el acto masticatorio y observar luego cómo nos sentimos después de haber ingerido cada alimento; me siento pesado, hinchado, me cuesta realizar mi trabajo o pensar; o me siento con energía y despejado mentalmente, etc. Este es uno de los pilares fundamentales de la filosofía del Ayurveda: la autoobservación.

3) ARMONÍA Y ADECUACIÓN (RITBHUKA)

Lo que siginifica la combinación inadecuada o la armonía entre los alimentos, comer sin haber digerido la anterior, comer sin hambre.

Los factores individuales que se deben considerar para determinar una dieta correcta son:

- El efecto sobre la mente.
- El poder o capacidad de digestión.
- La constitución dóshica.
- El régimen de vida.
- Cualquier desequilibrio presente de los dosha.
- La resistencia general.
- La edad.
- La época del año.

Cuando se hace respiración diafragmática o yógica (sacando panza) el diafragma, al contraerse, baja expandiendo la caja torácica y ayuda, con esa diferencia de presión y con su movimiento, a la digestión y prevención del reflujo, por eso es importante, también, saber respirar para poder digerir.

Una de las principales causas de generación de ama en el cuerpo (gases, gastritis, reflujos, hiperacidez, dolores de cabeza, etc.) es la incompatibilidad de los alimentos.

Samyoga es la combinación correcta de todos los alimentos. Ahara es la dieta nutricional, viruddha ahara es la incompatibilidad en la dieta nutricional, ya sea en calidad, cantidad, armonía y/o adecuación.

La incompatibilidad que genera ama se traduce como gases, indigestión, reflujos, hiperacidez, dolores de cabeza, constipación, y es, a la vez el comienzo, de las enfermedades. También hay incompatibilidad:

- Acorde al dosha.
- Acorde a los sabores.
- Acorde al lugar.
- Acorde al tiempo.
- Acorde a la hora del día.
- Acorde a la estación del año.
- Acorde a la edad.
- Acorde a la tolerancia o costumbre.
- Acorde al individuo.
- Acorde a la medida.
- Acorde a la preparación.
- Acorde a la acción.
- Acorde a la resistencia.

Como ya dijimos, el Ayurveda considera que el ayuno bien indicado tiene un efecto depurativo sobre el cuerpo físico y mental.

Vata es el dosha más sensible a la incompatibilidad de alimentos, por su irregularidad; por lo general no se le recomienda el ayuno. También es conveniente no mezclar lo caliente con los frío, lo pesado (dulce) con lo liviano (amargo o salado), ni las frutas con leche o yogur, nada muy frío o muy caliente (acorde a la estación), y evitar el agua fría y las frutas de postre (se digieren rápido y elevan el PH, inclusive los cítricos). Además, sugerimos evitar las proteína de carne (energía calentante) con sustancias de energía enfriante (leche, frutas, cremas).

ACERCA DE LAS FRUTAS
- Deben consumirse frescas y de estación.
- Deben consumirse solas, sin mezclarlas con otro alimento,
- Nada ácido en el desayuno: No a los jugos de frutas con café (en realidad, no al café).
- No se debe abusar de los jugos de frutas ácidas.
- No es conveniente tomar jugos de frutas después de las comidas. Debe hacerse una hora antes o una hora después.
- Las verduras y las frutas no se deben consumir en la misma comida.
- Las frutas cítricas no deben consumirse a la noche.

ACERCA DEL AGUA
- La mejor para beber es el agua de lluvia (la más sáttvica de las aguas).
- La cantidad de agua a beber ha de adecuarse al dosha, actividad física, edad, etc.
- En verano y otoño se necesita más agua por la sequedad del clima
- El agua fría es pesada y fría, por lo que puede agravar a Kapha y a Vata, por lo contrario relajar a Pitta
- El agua tibia es depurativa y digestiva y pachana. Disuelve al ama sin aumentar el agni.
- Nunca beberla fría, es conveniente a temperatura ambiente, como mínimo, siempre acorde al clima
- Poca agua en las comidas, para no licuar los jugos gástricos

Veamos qué sucede cuando ingerimos algo. Lo primero es el gusto o rasa, sin olvidar que la comida entra por los ojos, por eso debe ser a la vez colorida y con una buena presentación.

RASA KARMA, EL GUSTO INDICA LA ACCIÓN
La esencia de los elementos es el sabor, la esencia del sabor es la energía.

Como todo en el universo, los sabores o rasa también están compuestos por los 5 elementos y, si nos acordamos de los elementos de cada dosha, sabemos cuál lo va a incrementar.

Los sabores actúan de manera muy profunda sobre la mente, el cuerpo y el ser interior. Cada sabor está impregnado con la memoria cósmica de la semilla original desde el tiempo de la creación.

El gusto es la cualidad sensorial que pertenece al elemento agua. Las plantas son la forma de vida perteneciente al elemento de agua. El gusto, de esta forma, refleja la energía y el elemento que opera en una hierba o en un alimento en particular.

Se pueden reconocer los sabores solo cuando la lengua está húmeda.

El gusto afecta directamente a nuestro sistema nervioso a través del prana; la fuerza vital en la boca, la cual conecta con el prana del cerebro. El gusto, a través de su prana, estimula al sistema neurovegetativo del sistema digestivo. Este es el mecanismo por medio del cual, el sabor afecta al agni digestivo; este puede ser positivo, neutro o negativo, dependiendo del sabor predominante en la comida y de la combinación de alimentos. El sabor afecta a la mente y la personalidad.

Veamos los sabores o rasa y su posible impacto mental en orden de absorción; lo más dulce se absorbe primero, por lo que muchos autores recomiendan comer el postre antes que el plato principal:

- Dulce: elementos principales, agua y tierra. Nutre e incrementa los tejidos. Alivia la quemazón, calma el hambre y la sed. Es bienestar, tranquilidad y sedación, aunque en exceso genera complacencia. Es pesado, oleoso y por lo general frío. Como es agua y tierra no va a Kapha, que también es agua y tierra. Todos los compuestos orgánicos (o sea con carbono) para el Ayurveda son de sabor dulce: carbohidratos, proteínas y grasas. Anabólico, forma estructura.

- Ácido: elementos principales, fuego y tierra. Incrementa el apetito, es carminativo (elimina gases del tubo digestivo), liviano, caliente y oleoso. Bueno para Vata, medio para Kapha y no para Pitta. A nivel emocional, despierta conciencia y espíritu aventurero aunque en exceso genera envidia y celos. Es anabólico.

- Salado: elementos principales, agua y fuego. Estimula la digestión, incrementa las secreciones, es liviano, oleoso y caliente. Está formado por los mismos elementos que Pitta, por lo que lo tiende a desequilibrarlo. Relacionado con el deleite y el placer y su exceso, la lujuria. Tampoco es bueno para Kapha, ya que retiene líquidos. Anabólico.

- Picante: elementos principales, fuego y aire. Purifica la boca y estimula las secreciones, el fuego digestivo, cura, abre los Srotas o canales, reduce la obesidad, pero su fuego puede secar el semen y la leche materna y llegar a ser abortivo. Genera extroversión y su exceso, irritabilidad. Bueno para Kapha, a medias para Vata y malo para Pitta. Catabólico, rompe, separa, degrada. Es el sabor de elección para romper con las toxinas o ama.

- Amargo: elementos principales, aire y espacio. Restaura todos los demás sabores, es purificante, antiinflamatorio, actúa contra los parásitos y purifica la leche materna entre otras cosas. Tiene los dos elementos de Vata, por lo que lo desequilibran fácilmente. Promueve la transformación y su exceso, la frustración. Es catabólico.

- Astringente: elementos principales, tierra y aire. Es sedativo, seca, cura úlceras y hemorragias. Bueno para Pitta, a medias para Kapha y malo para Vata. Genera introversión y su exceso, inseguridad. Al ser sus elementos tierra y aire, su sabor es igual, uno siente que está comiendo tierra. Ejemplos de sabor astringente: nuez moscada, cúrcuma, membrillo, té, banana, pera, coliflor, repollo, brócoli, legumbres. Catabólico.

Existe un retrogusto que puede no ser estable y es llamado anurasa, es el sabor secundario.

El siguiente cuadro especifica los sabores, sus elementos, temperatura, peso y humedad y cómo equilibran a los dosha.

RASA, SABOR	ELEMENTO	T°, PESO Y HUMEDAD	EQUILIBRA A
DULCE	Tierra-agua	Frío-pesado-oleoso	Pitta-Vata
ÁCIDO	Tierra-Fuego	Caliente-pesado-oleoso	Vata
SALADO	Agua-Fuego	Caliente-oleoso-pesado	Vata
PICANTE	Aire-Fuego	Caliente-liviano-seco	Kapha
AMARGO	Aire-espacio	Frío-liviano-seco	Pitta-Kapha
ASTRINGENTE	Aire-tierra	Frío-liviano-seco	Pitta-Kapha

VIRYA, CUALIDAD O ENERGÍA EN EL ESTÓMAGO

El alimento ya en el estómago presenta su energía fría (anabólica) o caliente (catabólica) llamada virya; es el efecto mediato corto que muestra su impacto en el dosha. Para muchos autores se agregarían otras cuatro cualidades más en el virya: seco-oleoso; pesado-liviano.

- Pesado: trigo, carnes rojas, queso.
- Liviano: leche descremada, verduras y frutas en general.
- Aceitoso: leche, miel, soja, coco, ghee.
- Seco: repollo, lentejas, verduras crudas.

Sin embargo, en realidad son diez los pares de cualidades de opuestos de los alimentos y de toda la materia en sí:

1. Temperatura: frío - caliente.
2. Peso: pesado - liviano.
3. Suavidad: húmedo - seco.
4. Intensidad: lento, estable - intenso, rápido.
5. Fluidez: estático - fluyente.
6. Rigidez: duro - blando, suave.
7. Viscosidad: viscoso, turbio - claro.
8. Adherencia: pegado - suelto.
9. Densidad: tosco, burdo - sutil, delicado.
10. Textura: denso - líquido.

Dos de ellos son los que más acción y poder tienen, hablamos de los de naturaleza fría (anabólica) o caliente (catabólica), a estos, de más acción y poder sobre el dosha, se los llama virya.

Rasa y virya, gusto y energía, representan la prepaka o pre digestión, aun el alimento no se absorbió en el organismo, no está aún en sangre; vipaka es cuando está en sangre. El tubo digestivo es considerado externo, el alimento termina de ser tal una vez que se absorbió. Por eso no somos lo que comemos, sino lo que digerimos y absorbemos.

AGNI, EL FUEGO DIGESTIVO

Agni es el dios hindú del Fuego y es caliente, seco, sutil, móvil, penetrante, liviano.

En equilibrio es digestión, metabolismo (catabolismo y anabolismo), visión, espíritu de vida, percepción, coraje, valentía, honor, intelecto, liderazgo, ciencia, razón...

Pitta (bilis) es fuego en el dosha, agni es el fuego del estómago. El intelecto, buddhi, es el fuego de la mente.

Nuestra salud depende básicamente de nuestra capacidad de digerir eficientemente toda la información que recibimos a través de los alimentos.

Agni es el fuego hecho ácido (fuego y agua) que digiere los alimentos, ya sean nutrientes o emociones.

Pitta y agni son esencialmente lo mismo, pero con una diferencia sutil: Pitta es el continente y agni es el contenido.

Si el agni es débil o defectuoso, no es capaz de digerir los alimentos adecuadamente, incluso si la calidad de los alimentos es alta y pura, será perjudicial para el cuerpo si no está completamente digerido.

Claro que agni en exceso, quema. Pitta, entonces por lo general, tiene agni alto, con sensación quemante en la garganta y áreas del duodeno y del estómago. El dosha tiende a sobrealimentarse para calmar el fuego y que éste no lo termine quemando.

A Vata le cuesta más digerir las proteínas, a Pitta le cuesta más digerir las grasas y a Kapha los azúcares

AMA, LA TOXINA

Venimos diciendo que no somos lo que comemos, somos lo que digerimos y absorbemos. Cuando los componentes alimentarios permanecen sin digerir y sin absorber, se acumulan en el intestino delgado transformándose en heterogéneos, alterando su química y su olor, transformándose en sustancias pegajosas y nocivas. Este material al que se llama ama, obstruye los intestinos y otros canales, tanto como los capilares y los vasos sanguíneos. Esto luego ocasiona muchos cambios químicos, lo cual crea más toxinas. Estas toxinas son absorbidas por la sangre y se distribuyen por la circulación general.

Si el potencial transformador del agni está dañado, creamos tejidos que son débiles, frágiles y vulnerables a la enfermedad.

Es fácil comprender el poder de la digestión en términos de comida, pero es importante darse cuenta de que nuestras mentes y corazones están también continuamente metabolizando energía e información.

Lo aumentan los sabores dulce, salado y ácido (o agrio). Disminuye el picante, luego el amargo y finalmente el sabor astringente.

El Ayurveda define la indigestión como el estado que produce la falta de habilidad para digerir y asimilar la comida, y también la de eliminar el material de desecho que es el resultado del proceso digestivo.

Ama interfiere o daña el funcionamiento de los dosha, conduciendo a la ruptura de su coordinación. Esta disfunción disminuye o altera el fortalecimiento del agni digestivo, que se transforma en el responsable de la creación de más ama.

La raíz de todas las enfermedades es ama.

CUALIDADES	
AGNI	AMA
Caliente	Frío
Seco	Oleoso, pegajoso
Liviano	Pesado
Claro	Oscuro
Aromático	Maloliente
Puro	Impuro

Ama sufre una multitud de reacciones químicas, gradualmente crea toxinas que son liberadas dentro del torrente sanguíneo. El exceso en los dosha y las toxinas forman un equipo siniestro, ellos viajan con gran rapidez y debilitan distintas partes del cuerpo.

VIPAKA, DESPUÉS DE LA DIGESTIÓN, YA EN SANGRE

Es el impacto en los tejidos corporales o dhatu; de acción más lenta y duradera.

Rasa afecta la mente, virya al dosha y vipaka los tejidos.

El vipaka es el producto o acción final post digestión que circula por sangre y produce Vata, Pitta y Kapha por todo el cuerpo.

Para este efecto post digestivo solo quedan tres sabores no percibidos originariamente por la boca. Están relacionados con cada dosha y con las etapas de la digestión:

- Madhura vipak o dulce (incluye al salado)
- Amla vipak o ácido.
- Katu vipak o picante (incluye amargo y astringente).

Las sustancias dulces y saladas favorecen la salivación (no en exceso), secreción de esperma y otras manifestaciones Kapha, son anabólicas.

Las sustancias ácidas favorecen las secreciones ácidas en el estómago y duodeno. Son metabólicas ya que realizan a la vez anabolismo y catabolismo.

Las sustancias con sabores de aire (amargo, astringente y picante) terminan siendo picante: aumentan la sequedad y deshidratación. Son de fuerza catabólica.

PRABHAVA: EFECTO ESPECIAL

Si karma es el efecto en general indicado por el sabor, prabhava son los efectos especiales que poseen alguna sustancias que no siguen lógica o patrón. Por ejemplo, el limón, de sabor ácido debería agravar Pitta, pero tiene un prabhava de virya fría y de vipaka dulce, haciéndolo alcalino en sangre. El pescado es de sabor dulce y debería aliviar Pitta, pero es de virya calentante, por lo que lo agrava. El sabor dulce es refrescante pero la miel (de sabor dulce) es de virya calentante. La cebolla es dulce, pero de energía calentante y vipaka dulce (bueno para Vata)

RASA	VIRYA	VIPAKA	PRABHAVA
Dulce	Frío	Dulce	Miel (Virya caliente)
Ácido	Caliente	Ácido	Limón (Virya frío)
Salado	Caliente	Dulce	Tamarindo (Virya frío)
Picante	Caliente	Picante	Cebolla (Virya fría)
Amargo	Frío	Picante	Cúrcuma (Virya caliente)
Astringente	Frío	Picante	Granada roja (Vipak dulce)

Como a los alimentos o nutrientes, a las especias y a las plantas también se las clasifica y estudia acorde a rasa, virya y vipaka.

Resumen de lo que acontece cuando ingerimos una sustancia ya sea alimento o por un tratamiento con plantas:

- Rasa o sabor, guna, atributos o cualidades.
- Virya, potencia fría o caliente principalmente.
- Vipaka o efecto a largo plazo (dulce, ácido y picante).
- Karma o acción general en el organismo, el sabor es el indicador, así lo amargo para la boca es dulce para el hígado y purifica la sangre, lo picante rompe el ama o toxina y aumenta el agni, lo dulce genera estructura, lo astringente seca, etc.

- Prabhava o acción específica de ciertos alimentos (ya sea beneficiosa o no).

Por lo general, el efecto de un fármaco en el cuerpo humano está determinado por sus cinco elementos y propiedades farmacológicas. Sin embargo, según el Ayurveda, existen algunos medicamentos que poseen propiedades específicas que no pueden ser definidos por estos criterios.

LA ALIMENTACIÓN ADECUADA PARA CADA DOSHA

VATA

- Comida caliente, untuosa, cocida, que nutra al cuerpo y a la mente
- Agregar aceite (el mejor es el de sésamo) o ghee.
- Favorecer sabores ácido, salado, dulce y evitar sabores amargo, astringente y picante.
- Comidas suaves y nutritivas.
- Consumir alimentos como sopas de vegetales, estofados, cereales calientes, pan negro o casero.
- Comer en un ambiente calmo, silencioso y lentamente.
- Consumir un desayuno nutritivo, un buen almuerzo y cenar; no saltearse comidas
- Utilizar especias carminativas como el jengibre, y especias dulces como la canela.
- Consumir frutas dulces.
- Cocer los vegetales en agua con un poco de aceite, evitar las verduras crudas.
- Beber agua caliente.
- Cocinar al vapor en vez de freír, saltear o asar.
- Comer cada 3 horas porciones pequeñas para mejorar la regularidad y estimular el agni digestivo.

PITTA

- Las comidas deben ser frías o tibias, no calientes.
- Favorecer los sabores amargo, astringente y dulce, y evitar los salado, picante y ácido.
- Utilizar poca sal y no comer de más (recordar: máxima calidad, mínima cantidad).
- En verano, comida fresca y refrescante.
- Consumir ensaladas y legumbres amargas o astringentes.
- Comer en un ambiente relajante.
- No a los pickles, a la comida fermentada, a los fritos, los yogures, los quesos.
- Beber agua fresca en verano o natural (no con hielo).
- Comer cuando se sienta hambre, cuando el fuego digestivo lo pide

KAPHA

- Consumir comidas calientes y livianas.
- Consumir mínimante dulces, quesos, mantecas, aceites.
- Favorecer los sabores astringente, amargo y picante, evitar los dulce, salado y ácido.
- Las comidas deben ser estimulantes, con especias picantes.
- Hacer un desayuno liviano, el almuerzo debe ser la comida más importante del día (es el momento de más fuego digestivo, si se consume algún alimento más pesado, este es el momento), la cena debe ser ligera.
- Consumir los vegetales ligeramente cocidos, ensaladas y sopas
- Cocinar al horno o a la parrilla, en vez de hervir los alimentos en agua.
- Utilizar especias como comino, cúrcuma, jengibre.
- No consimir comidas frías (son más difíciles de digerir), evitar los lácteos por la mucosidad, y los fritos.
- Beber agua tibia.
- Hacer mucho ejercicio, evitar dormir durante el día.
- Pasar períodos de 6 horas sin comer.

DESEQUILIBRIOS

Ayurveda prioriza más al individuo que a la enfermedad (no hay enfermedades sino enfermos).

Claro que, si ignoramos los síntomas, estamos ignorando el desequilibrio, pero si atendemos solamente los síntomas no atendemos la causa. La cura para desequilibrios crónicos jamás se encontrará en una pastilla.

Conocer el elemento predominante en cada uno, nos permite saber qué estrategias de vida asumir para evitar posibles desequilibrios, basándose en que lo similar siempre incrementa lo similar. Así, por ejemplo, el dosha de fuego llamado Pitta tendrá que luchar contra el fuego toda su vida, pues ya tiene su dosis de fuego completa y, por lo tanto, tendrá que evitar los picantes, la sal, los baños de sol, los fermentados; además, debe intentar sostener posiciones pacíficas, enfriar la mente y bajar la competitividad.

Por el contrario, una persona con dosha Vata (liviano, frío y seco) necesitará las cualidades opuestas: bajar, calmar, tonificar, aceitar y calentar, mientras que deberá evitar comer alimentos light o verduras crudas y frías (especialmente en invierno), pues de esta forma se incrementan las cualidades que, de por sí, se tienen en cantidad.

Los dosha son cualidades, y sus desequilibrios se representan, también, por cualidades que suben o bajan, lo que nos orienta sobre qué tratamiento seguir.

Dia-gnosis significa atravesar, ir más allá del conocimiento. El diagnóstico es la parte más importante, ya que orienta el tratamiento. Si diagnosticamos mal, todo lo que sigue estará mal. Es la mente la que ocupa la mayor parte del diagnóstico y del tratamiento.

Salud es, en sánscrito, swastha: "establecido en uno mismo", es decir, los tres dosha equilibrados (sama dosha), dhatu (tejidos), malas (desechos), agni (fuego digestivo), manas (mente) e indriyas (sentidos) balanceados y equilibrados, srotas (canales) libres y fluyentes.

Recordemos que las causas de los desequilibrios podemos englobarlas dentro de los siguientes principios:

1. Pragna aparadha: se sabe lo que se tiene que hacer, pero no se hace.
2. Avydia: desconocimiento o conocimiento erróneo de lo que se tiene que hacer.
3. Parinama: factores causa-efecto, como el tiempo (edad, hora, estación del año, clima), cataclismos, tsunamis, terremotos.
4. Karmaja: debido al karma, por ejemplo: malformaciones congénitas y hereditarias, vasanas y samskaras (impresiones y tendencias), e inclusive el propio dosha.

El hecho de poder correlacionar los desequilibrios y enfermedades con las fuerzas dóshicas nos da un amplísimo margen de terapia. Un par de ejemplos: si uno diagnostica reuma, Alzheimer o epilepsia es un tratamiento, ahora si lo que se debe corregir es un desequilibrio Vata, el tratamiento es totalmente distinto. Ya no hablaremos de híper acidez o gastritis sino una fuerza Pitta rajásica a bajar, entonces el sol, naranja o amarillo, el pensamiento, la crítica, la opinión, el comparar, lo ácido, lo salado, lo fermentado como el yogur, los quesos, el alcohol, Marte, lo calentante, el picante, la competencia, la remera roja ... todo agravaría el desequilibrio, ya que aumenta a Pitta.

Claro está que acidez, gastritis y constipación lo pueden tener cualquier dosha, pero por la ley de similitud Vata, que es más seco, tiende más a constipar; Pitta, más fuego, tiende a inflamar; y Kapha, pesado, tiende a retrasar u obstruir. Vata presenta sus desequilibrios con sequedad, espasmos, dolor de tipo cólico, tos seca, por eso la pérdida de fuerza, el adelgazamiento, la rigidez. Para Pitta, el mismo desequilibrio se presentará, tal vez, con fiebre, infecciones, problemas de piel e inflamaciones, mientras Kapha lo presentaría con edemas, congestiones, letargo y pesadez.

Hay desequilibrios combinados (psoriasis es Vata Kapha sobre Pitta; cáncer es, en principio, Kapha Vata; la anorexia y bulimia, tridóshicos, etc.)

Ahora bien, en todo desequilibrio dóshico, tener en cuenta:

- Constitución (dosha)
- Energía (prana)
- Digestión (agni)
- Inmunidad (ojas)
- Metabolismo en general (pachaka)
- Kala parinama, es el efecto del tiempo y del clima sobre los dosha y la vida en general.
- Según la hora (dinadosha)
- Estación (rutudosha)
- Edad (vayamdosha)
- Ahara: dieta inadecuada en: Calidad, cantidad, armonía (combinación-samyoga) y adecuación: hitbhuka, mitbhuka, ritbhuka
- Mal uso de los sentidos
- Mal uso de las emociones
- Mala eliminación de los desechos: constipación
- Mal empleo de la mente (pragna aparadha)
- Ocupación
- Deporte
- Pensamientos, palabras y acciones inapropiadas
- Supresión de los deseos naturales (vega arodha)
- Lugar geográfico, clima

- Entorno social
- Satsanga
- Poco espacio físico y/o mental

ALGUNOS DESEQUILIBRIOS FUERZA VATA

La constipación crónica nos convierte en sarcásticos, nos baja la libido y la vida sexual, a la vez que limita la movilidad muscular digestiva y provoca aún más constipación. Además, se relaciona con el alimento, las emociones y el agua.

El 90% de la serotonina se libera en los intestinos, si hay constipación se altera toda su liberación con la consecuente baja del umbral de excitabilidad y tolerancia. La constipación o el colon saturado, produce retención en el intestino delgado, aumenta la presión abdominal, da una sobrecarga tóxica en el hígado con retención de bilis y acción desintoxicante insuficiente, no se pueden digerir las grasas, no se absorbe prana, aparecen flatos e insuficiencia venosa, puede haber hemorroides y termina desequilibrando la microflora intestinal.

Entonces, en todos los desequilibrios Vata atender la constipación, la regularidad en todo. Es conveniente la práctica de yoga, la meditación, la natación, consumir agua y aceites de primera presión en frío (sésamo), alimentos cocidos, fáciles de digerir, hablar mucho menos, escuchar más, no quejarse, no demandar… Así baja Vata.

Atrofia (Sankocha)	Constipación (Malavasthamba)	Paresia (Parvastambha)
Hérnia inguinal (Vata seca y desgarra las fibras Kapha) (Antraja vriddhi)	Amenorrea (Rajonasha)	Muerte fetal (Garbhanasha)
Hombro congelado (Amsashosha)	Nistagmo (Akshi hundan)	Convulsiones (Akshepa)
Retención de orina, constipación, arritmias, bloqueos (Vatakostha)	Meningitis (Dandapatanaka)	Gota (Vatarakta)

Taquicardia (Hridava)	Parálisis braquial (Visvaci)	Tortícolis (Manyasthambha)
Fibromialgia (Sarvanga gata vata)	Enfermedades reumáticas. (Amavata)	Gonartrosis (Januvata)
Psoriasis (Vata-Kapha) (Eka kushta o charmadala)	Epilepsia (Apasmara)	Colitis ulcerosa (Visoochika)
Insomnio (anidrata)	Lumbalgias (Katishula)	Tuberculosis (Rajayakshma)
Asweda: anhidrosis, poco sudor	Hipopresión (Nyuna raktachap)	Kubjatva: cifosis

Esquizofrenia (Unmada)	Artritis infecciosa (gonococo, brusela,estafilo) (Krostukasirsha)	Cirrosis (Yakrit vriddhi)
Gastritis (Amlapitta)	Hipertensión arterial (Raktavata)	Metrorragia (Raktapradara)
Diarrea (Atisara)	Conjuntivitis (Netrabhisandya)	Alopecía (Khalitya)
Sarna (Kacchu)	Hiperhidrosis (Atisweda)	Miopía (Dristi dosha)

ALGUNOS DESEQUILIBRIOS FUERZA PITTA

En todos ellos enfriar, relajar, soltar, decir más que sí, no competir, no esperar ni demandar nada, no comparar, no exigir, responder al día siguiente, el otro tiene razón, no a lo ácido (carnes), lo salado, el picante, lo no fermentado (quesos, vino), siempre lejos del sol y de lo rojo, naranja y amarillo... Así baja Pitta.

ALGUNOS DESEQUILIBRIOS FUERZA KAPHA

Ante ellos soltar, moverse, salir, dejar ir, no a los dulces, a los quesos, a los lácteos, más ejercicio aeróbico, no a la siesta, permitirse cambiar, desapegarse, no colgarse, cuidado con la codicia, la avaricia y la terquedad, de nuevo: cambiar... Así baja Kapha.

Anemia (Panduroga)	Tendencia a hemorragias o sangrado (Raktapitta)	Ictericia, Hepatitis (Kamala)
Hemorroides (Arsas)	Excesiva sed (Pipasa)	Sífilis (Firanga)
Leucodermia (Svitra)	Abscesos (Vidradhi)	Eczema (Dadru o Vicharchika)
Urticaria Kotha o shita pitta)	Hematuria (Raktameha)	Estomatitis (junto a Kapha) (Asyapaka)
Halitosis (mal aliento) (Asyagandhita)	Dismenorrea (Kashtartava)	Desórdenes de pigmentación (Vyangam)
Enfermedades venéreas (Upadamsha)	Fiebre (Jwara)	Ulcera péptica. (Annadravasoola parinamasoola)

Obesidad (Medoroga o atisthula)	Diabetes (Madhumeha)	Depresión (Avasada, chittavasada)
Indigestión (Ajeerna)	Rinorrea (Nakseer)	Vómitos (Chardi)
Tos (Kasa) junto a Udana Vata	Asma (Swasroga)	Sinusitis (Pinasa)
Bocio (Galaganda)	Hiperlipidemia	Cataratas (Timira)
Meningitis (Mastishka shoth)	Esterilidad (Vandhyatva)	Esplenomegalia (Pleehavriddhi)
Psoriasis (Eka kushta) desequilibrio Vata-Kapha	Cálculos renales (Mutrasmari)	Edema (Shotha)
Agrandamiento de próstata (Asthila, mutraghata)	Forúnculos (Arumsika)	Excesiva grasa intramuscular (Mamsavasa)
Hidrocefalia (Jala sirsaka)	Ascitis (Udara)	Hepatomegalia (Yakritvriddhi)

CÓMO CAMBIAR LOS HÁBITOS ALIMENTICIOS

Proponernos realizar un cambio en nuestros hábitos alimentarios, puede resultar complejo en un principio, pero lo importante es realizar modificaciones conscientes e intencionadas que, al sumarse, nos ayuden a lograr una alimentación completa y saludable. Cambiar un hábito requiere un poco de disciplina y, muchas veces, tomamos esta idea como algo aburrido o difícil de realizar. En realidad, la disciplina no hace más que traernos libertad; como cuando tenemos la costumbre de lavarnos los dientes todos los días. Esa conducta nos hará liberarnos de padecer, luego, un dolor en la boca. Asimismo, tener disciplina en la conducta alimentaria nos dará la libertad de gozar de más salud (y de disfrutar más el día en que consumimos un alimento no tan saludable).

Cuando los cambios que nos proponemos son más de uno y requieren muchas modificaciones en la rutina diaria, es posible planificarlos de forma progresiva, ya que ir incluyendo nuevas pautas nos permiten, dejar las pasadas, y poder seguir modificando otras. Por ejemplo, cuando queremos dejar de tomar café, mate, lácteos, azúcar etc., comenzar por uno o dos y, una vez que nos acostumbramos a no consumirlos, continuamos con los otros. En lugar de pensar en lo que ya no podemos comer o prohibirnos algún alimento, podemos pensar en qué platos nuevos incluiremos en nuestra dieta (nuestras recetas te darán muchas ideas) lo que inevitablemente hará que dejemos de consumir otros alimentos

Sabemos que comenzar a planificar un cambio puede asustar; se le teme a la mucha información y se puede tener miedo a no cumplir con todas las premisas: acorde al dosha, al clima, a la emoción, al lugar etc. ¡Y ni hablar los que somos Pitta y queremos hacer todo perfecto! Pero a no desesperarse; la intención de querer aprender algo nuevo y querer incorporar hábitos beneficiosos para nuestra salud, es de por sí transformadora. Solo dos o tres cambios concretos y sostenidos en el tiempo, darán a largo plazo muy buen resultado.

Un primer paso es transformar las comidas diarias para que, en su conjunto, sean orientadas a la alimentación sáttvica; optar por los alimentos que encontramos como tales en la naturaleza y empezar a abandonar los enlatados, freezados, procesados, refinados. Lo ideal es prepararnos una comida casera, cocinar un poco más a la noche para poder utilizarla en los platos del día siguiente. Si bien una de las pautas del Ayurveda es cocinar en el momento, esto no siempre es posible, a veces debemos elegir la mejor opción dentro de las posibilidades que tenemos; el día que podamos cocinar lo haremos y el día que llegamos tarde de trabajar, podemos optar por tener algún plato preparado por nosotros, freezado y complementarlo con alguna verduras frescas.

Son fundamentales tanto los ingredientes y las preparaciones, como el ritual del momento de alimentarnos. Así, disfrutar y crear un ambiente agradable y armónico para fomentar la buena absorción y digestión, tanto en el plano físico como en el mental y espiritual. También es importante que la comida que consumamos nos guste y nos resulte rica. Sucederá naturalmente que, al ir acostumbrándonos a alimentos más sáttvicos, podremos ir identificando en los alimentos procesados un sabor más artificial que nos hará abandonarlos sin esfuerzo. Sin dudas, el cuerpo se acostumbra rápido a lo que le hace bien y querrá más de lo mismo.

TIPS PARA VATA

El viento actúa por ráfagas; en un momento es un torbellino y al otro está quieto. En general, a las personalidades Vata les cuesta administrar su energía, quieren hacer mil cosas el primer día y luego se olvidan, lo dejan o empiezan otra cosa. Por eso recomendamos empezar a incorporar paulatinamente los cambios, para así poder sostenerlos en el tiempo y, cuando ya sean parte de la rutina, recién añadir otra pauta. A Vata le encantan los cambios y probar cosas nuevas todo el tiempo, pero su mayor desafío será poder mantener una rutina en el tiempo.

TIPS PARA PITTA

Pitta es muy lógico, metódico, ordenado y le gusta que las cosas se hagan bien. Su fuego le permite ¨ver¨ todo lo que está pasando y eso lo hace ser muy crítico y auto exigente. Esto puede generar que haga las cosas demasiado al pie de la letra. Para este tipo de personalidad es importante recordar tomar los cambios como un desafío, como un juego, sin dramas. Pero cuando Pitta entiende cómo funcionan las cosas, le resulta muy fácil adoptar la nueva propuesta.

TIPS PARA KAPHA

Kapha es muy apegado a sus rutinas, por lo tanto el desafío será animarse a dejar lo que estaba haciendo e implementar cambios. Un recurso que le puede ayudar es sentirse motivado, ya que esto lo puede impulsar a probar cosas nuevas, por ejemplo, anotarse en un curso de cocina y después probar las recetas aprendidas. El lado bueno de Kapha es que, una vez que incorpora un hábito, le resulta fácil sostenerlo.

Ahora llegó el momento de poner las manos en la masa y comenzar a cocinar… Hemos dividido este recetario en recetas tridóshicas (indicadas para los tres dosha), recetas para Vata, Pitta y Kapha y sus desequilibrios. Es interesante entender las propiedades del alimento y así, a través de la regla de los opuestos, saber a quién equilibra y a quién desequilibra cada plato. Por ejemplo, si vemos que la cualidad de las galletas de arroz es ser astringente y secar, seguramente lo indicaremos más para Kapha y Pitta y no tanto para Vata.

Aquel que no presente desequilibrio podrá consumir cualquier receta que proponemos, siempre teniendo en cuenta su dosha, clima, estación del año, etc.

Por ejemplo, probablemente la receta de paté de berenjenas que tiene especias picantes, ajo y cebolla, no sería la mejor elección para una personalidad Pitta, en verano y al mediodía. Ese es un poco el juego que hay que hacer entre prakriti o dosha, vikriti o desequilibrio actual, trikaladosha o los tres tiempos (día, estación del año, época de vida) y los alimentos.

También vale aclarar que no toda la alimentación Ayurveda es solo comida de India y no toda la comida de India es Ayurveda. Conociendo las cualidades intrínsecas de cada alimento, podremos interpretar sus elementos y con ello los efectos que producen en nuestro organismo, y nos daremos cuenta a quién equilibra y a quién desequilibra; eso es alimentación Ayurveda.

A su vez, la combinación correcta de cada uno de ellos y sus diferentes formas de preparación, optimizarán los efectos que intentamos lograr para mejorar los desequilibrios presentes, o bien el mantenimiento de un estado de armonía en nuestra alimentación física y mental.

Esperamos que las recetas propuestas en este libro sean sólo el puntapié inicial para comenzar a nutrirnos de una alimentación consciente, acompañando de manera intencional y favorable las necesidades que se presentan en cada uno de nosotros, en los diferentes momentos de la vida.

Y es por ello que esperamos este sea una pequeña guía para sus futuras creaciones. Ahora sí… ¡A cocinar!

TRIDÓSHICAS

RECETAS TRIDÓSHICAS

KITCHARI (O KITCHADI)

 **PORCIONES**
3 a 4

 TIEMPO DE PREPARACIÓN
5 minutos

 TIEMPO DE COCCIÓN
20 minutos

 **DIFICULTAD**
Media

2 cucharadas de ghee o de aceite de girasol.

½ cucharadita de semillas de comino.

3 hojas de laurel.

1 cucharadita de semillas de coriandro.

1/2 cucharadita de cúrcuma.

1 cucharadita de orégano seco.

½ cucharadita de sal marina.

1 cucharadita de jengibre rallado.

½ taza de arroz basmati.

¼ de taza de porotos mung (remojados de la noche anterior).

2 a 3 tazas tipo desayuno de agua (dependiendo de la consistencia que se desee obtener y de la cantidad de verduras que se agreguen).

2 tazas de vegetales cortados en cubos (zanahorias, zucchinis, zapallitos)

1. Calentar el ghee (manteca clarificada) en una cacerola, agregar las semillas de comino, coriandro y orégano, y dorar hasta que liberen sus aromas (cuando las semillas comienzan a ¨explotar¨ ya se deben agregar los otros ingredientes, caso contrario éstas se quemaran).

2. Añadir la cúrcuma, el arroz, y los porotos, removiendo la preparación 1 minuto para integrar los ingredientes.

3. Incorporar el agua, la sal, el laurel y el jengibre. Cocinar a fuego alto hasta que el agua comience a hervir y luego bajar la llama a fuego lento o mediano. Cocinar hasta que el arroz y los porotos estén medianamente blandos.

4. Agregar los vegetales y cocinar hasta que estén tiernos.

El kitchari es el plato básico del Ayurveda; al combinar arroz basmati con porotos Mung se crea una receta muy completa y nutritiva, con proteínas de origen vegetal. Es de muy fácil digestión y otorga fuerza y vitalidad. Se consume en India cuando se hace Panchakarma (depuraciones profundas) y cuando se hace ayuno de monodieta, ya que es una excelente forma de dar al aparato digestivo un descanso, a la vez que se nutren todos los tejidos del cuerpo. Se pueden variar las especias y las verduras para hacerla más adecuada para cada dosha.

CHUTNEY DE PERAS

 **PORCIONES**
600 g

 TIEMPO DE PREPARACIÓN
10 minutos

 TIEMPO DE COCCIÓN
40 minutos

 **DIFICULTAD**
Complejo

1 kg de peras.

1 cebolla mediana.

1 feta de raíz de jengibre de 2,5 cm aproximadamente.

2 cucharaditas de chili o ají molido.

½ cucharadita de canela en polvo.

½ cucharadita de pimienta negra.

½ cucharadita de sal.

5 clavos de olor.

120 g de azúcar integral o mascabo.

100 cc de vinagre de manzana.

50 cc de agua.

1. Pelar la cebolla y cortarla en cubos pequeños, pelar el jengibre y cortarlo en dos trozos, poner estos ingredientes en una cacerola e incorporar el chili, la canela, la pimienta, los clavos, la sal y el azúcar.

2. Pelar las peras, retirar el corazón y cortarlas en dados, añadirlas a la cacerola y, finalmente, incorporar el vinagre y el agua. Poner la cacerola a fuego alto y llevar a ebullición.

3. Cuando rompa hervor, reducir el fuego y tapar la cacerola dejando la tapa desencajada para que tenga una salida de vapor. Dejar cocer durante 40 minutos, moviendo de vez en cuando, especialmente en los últimos minutos, cuando quede poco contenido líquido, para que no se pegue. Apagar el fuego y dejar reposar.

4. Retirar el jengibre utilizado para dar sabor (también se puede picar pequeño y dejarlo en el chutney).

Se puede conservar en un frasco de vidrio con tapa en la heladera por unos 10 días. Los chutney tienen como objetivo agregar sabor y color a la preparación y, especialmente, estimular el agni, aumentar el fuego digestivo y ayudar en el proceso de digestión. Se consumen en cantidades pequeñas como acompañamiento de hamburguesas, arroz, ensaladas, etc. Es una preparación muy especiada pero, al combinarlo con frutas de sabor dulce, el efecto de las especias picantes se suaviza, pudiendo ser consumido por Vata y Pitta.

LECHE DORADA

 **PORCIONES**
2 tazas

 TIEMPO DE PREPARACIÓN
10 minutos

 **TIEMPO DE COCCIÓN**
5 minutos

 **DIFICULTAD**
Fácil

1 taza de coco rallado.

2 tazas de agua tibia.

1 cucharadita de cúrcuma molida.

½ cucharadita de canela molida.

Unas gotas de aceite de coco.

Endulzante, a gusto.

1. En un bol dejar reposar el coco rallado junto al agua tibia, por lo menos, 20 minutos. Pasado ese tiempo, licuar por 3 minutos aproximadamente.

2. Filtrar la preparación del punto 1 con una bolsa de leches vegetales o lienzo.

3. En una cacerola agregar la leche de coco junto a la cúrcuma, la canela y el aceite de coco. Calentar a fuego suave mientras se revuelve, por 5 minutos. Dejar reposar, servir y agregar el endulzante.

El aceite de coco ayuda a que el cuerpo asimile más fácilmente la cúrcuma.

La leche dorada es una excelente forma de consumir cúrcuma, una especia que en India denominan la diosa de Oro ya que es una de las mejores medicinas utilizadas en Ayurveda. La cúrcuma ayuda en la digestión, mantiene la flora intestinal, reduce los gases, tiene propiedades tonificantes y es un excelente antibiótico y antiinflamatorio. También ayuda a cicatrizar la piel y las mucosas.

INFUSIÓN DIGESTIVA

 **PORCIONES**
1 taza

 **TIEMPO DE COCCIÓN**
5 minutos

 **DIFICULTAD**
Fácil

1/3 cucharadita de semillas de comino.

1/3 cucharadita de semillas de coriandro.

1/3 cucharadita de semillas de hinojo.

1 taza de agua.

1. Agregar las semillas a una taza de agua hirviendo.

2. Cocinar a fuego medio por 5 minutos, retirar y servir.

El comino, el coriandro y el hinojo tienen propiedades similares y se utlizan en conjunto para atenuar problemas digestivos. Son tridóshicas, ya que ayudan a digerir los alimentos sin elevar el calor digestivo. Se puede acompañar las comidas con esta infusión, para facilitar la digestión y la absorción de nutrientes.

TÉ DE JENGIBRE Y LIMÓN

 **PORCIONES**
1 taza

 **TIEMPO DE COCCIÓN**
5 minutos

 **DIFICULTAD**
Fácil

1 taza de agua.

Jugo de ½ limón.

1 cucharadita de jengibre fresco rallado.

1. Agregar al agua previamente hervida el jugo de limón y el jengibre rallado.

2. Dejar reposar unos minutos y servir.

El jugo de limón tiene rasa ácido, pero su efecto en la circulación es alcalinizante. Genera una detoxificacion del organismo, ayudando a eliminar el ama.

El jengibre, por excelencia, es tridóshico, y contribuye en la armonización de las tres constituciones, siempre en cada caso teniendo en cuenta la cantidad beneficiosa.

Esta infusión es un poderoso antihemético y mejora la sensación de náuseas, se puede beber frío o caliente dependiendo del dosha a tratar (en el caso de Pitta, la bebida fría será mas beneficiosa, en Vata es preferible que sea caliente, ya que compensa sus elementos).

CHAPATIS

 **PORCIONES**
10 a 12 piezas

 TIEMPO DE PREPARACIÓN
25 minutos

 TIEMPO DE COCCIÓN
2 a 3 minutos

 **DIFICULTAD**
Intermedia

2 tazas de harina integral de trigo súper fina.

3/4 de taza de agua tibia aproximadamente.

Una pizca de sal.

Una cucharadita de ghee o aceite de girasol.

1. Colocar en un recipiente la harina, la sal y el ghee e ir incorporando de a poco el agua a medida que vamos amasando, para formar así una masa homogénea que no se pegue en las manos. Continuar presionando la masa con los nudillos, es importante amasar por aproximadamente 5 minutos para que ligue bien y tenga una textura lisa y elástica. Dejar reposar de 10 a 15 minutos en el recipiente tapado con un paño.

2. Dividir la masa en 10 a 12 bolitas (7 cm de diámetro aprox). Aplanar la bolita y cubrirla con harina de un lado y del otro. Estirar con un palo de amasar hasta que se asimile a un panqueque, es importante que quede delgado y uniforme.

3. Calentar una sartén antiadherente a fuego medio y colocar el chapati. Dos opciones:

- Cocinarlo sólo sobre la sartén: dejar el chapati sobre una sartén antiadherente sin aceite por, aproximadamente 2 minutos, darlo vuelta y subir el fuego. Seguir cocinándolo hasta que aparezcan burbujas a ambos lados de la superficie del pan. Rotar el chapati para que se cocine uniformemente. A medida que el chapati se llena de aire, se puede presionar ligeramente hacia abajo sobre esos puntos con un lienzo, para que el aire pase por toda la pieza y se cocine parejo. Una vez que se haya inflado del todo, retirar de la sartén.

- Cocinarlo sobre la sartén y sobre la hornalla: colocar el chapati sobre la sartén y cocinar, aproximadamente, 1 minuto de cada lado. Luego retirar la sartén y colocar el chapati directamente sobre el fuego de la hornalla para que se infle (ésta opción es más rápida, pero hay que ser más cuidadoso de que no se queme). Una vez que se empieza a tostar la superficie, darlo vuelta con una pinza y cocinar del otro lado. Retirar y servir.

THALI

Este plato, en realidad, no se refiere a una receta en particular sino a una forma de servir la comida. Cuando uno ordena un Thali en India recibirá un plato grande que contiene múltiples recipientes pequeños (katoris) repletos de variedades de alimentos. Si bien los diferentes platos son usualmente servidos por separado en las casas, generalmente por su tamaño y colorido, se sirve en festivales, ceremonias o en restaurantes.

El centro del plato está reservado para el arroz y se acompaña por unos 10 a 15 platos, que incluyen ensaladas, chutneys, dals, sabjis, chapatis etc.

Se dice que el Thali encuentra sus raíces en el Ayurveda, ya que éste recomienda para una dieta balanceada que el plato incorpore preparaciones que contengan los 6 sabores. El Thali sería la completa representación de los sabores dulce, ácido, salado, picante, amargo y astringente.

En nuestro Thali incluimos platos como: arroz basmati, chapatis, kitchari, pakoras, hummus, sopa de remolachas, chutney de peras, queso de castañas de cajú, mayonesa de zanahorias y queso rallado de semillas. La composición varía según el gusto del que lo prepare. Es un plato para compartir con la familia o los amigos, una verdadera muestra de amor. Su presentación es impactante y, ya que alimento es todo lo que ingresa por los sentidos, es ideal para tomarse de vez en cuando el tiempo para preparar una hermosa mesa decorada y dar rienda suelta a nuestra imaginación.

CRACKERS DE ZANAHORIA Y SEMILLAS

 **PORCIONES**
12 galletas

 TIEMPO DE PREPARACIÓN
15 minutos

 TIEMPO DE COCCIÓN
15 minutos

 **DIFICULTAD**
Intermedia

1 zanahoria mediana.

6 cucharadas soperas de avena en hojuelas.

1 huevo.

6 cucharadas soperas de mix de semillas (lino, sésamo, girasol, chía, amapola, zapallo).

4 cucharadas soperas de aceite de oliva.

1 diente de ajo (opcional).

Una pizca de sal marina

1. Rallar fina la zanahoria y reservar.

2. Tostar las semillas de girasol y de sésamo en una sartén sin aceite hasta que comiencen a dorarse, retirar y agregar las semillas restantes. Reservar.

3. Colocar en un bol la zanahoria rallada, las semillas, la avena, el huevo, el aceite y el ajo. Procesar todo hasta obtener una pasta y condimentar con sal marina.

4. Colocar la preparación del punto 3 en una placa de silicona o sobre una asadera cubierta con papel manteca y con una cuchara mojada (o las manos bien limpias y húmedas) comenzar a estirar la pasta hasta obtener una masa de 0,5 cm de espesor. Marcar con un cuchillo sin filo los rectángulos por donde se quebrará luego con la forma que más nos guste.

5. Llevar a horno previamente caliente por 15 minutos o hasta observar que la galleta se dora. Retirar y servir.

Las semillas aportan aceites con grasas esenciales como omega 6 y omega 3. Todos los dosha se ven beneficiados con el consumo de estos ácidos grasos, siempre teniendo en cuenta la cantidad en cada caso.

Hay que recordar que al tostar las semillas, éstas liberan los aceites esenciales que contienen. Por ese motivo siempre es mejor retirar del calor las semillas antes de tostar completamente para evitar así que se oscurezcan.

También se puede hacer una variante dulce, reemplazando la verdura por alguna fruta de estación y agregando azúcar mascabo.

MENÚ PARA VATA

OTOÑO - INVIERNO

DESAYUNO

Infusión caliente

ALMUERZO

ENTRADA

PLATO PRINCIPAL

MERIENDA - SNACKS

Frutas secas/disecadas (almendras, castañas,

pasas de uva, etc.)

Semillas de sésamo y girasol tostado.

CENA

PRIMAVERA - VERANO

DESAYUNO

ALMUERZO

ENTRADA

PLATO PRINCIPAL

MERIENDA - SNACKS

Fruta fresca, dulce y madura: cerezas,

racimo de uvas, banana

CENA

Opcion más liviana:

VATA

RECETAS PARA VATA Y DESEQUILIBRIOS VATA

SOPA DE REMOLACHA CON SEMILLAS DE ZAPALLO

 **PORCIONES**
3 porciones

 TIEMPO DE PREPARACIÓN
20 minutos

 TIEMPO DE COCCIÓN
40 minutos

 **DIFICULTAD**
Fácil

2 cucharada soperas de ghee.

3 remolachas grandes.

1 zanahoria grande.

1 cebolla grande.

½ papa negra grande.

Una pizca de sal marina.

½ cucharadita de comino molido.

2 cucharadas soperas de semillas de zapallo tostadas.

1 taza de leche de almendras.

1. Envolver en papel aluminio las remolachas y las papas, previamente peladas y cortadas en trozos. Cocinar en un horno a 200°C por 30 minutos o hasta que los vegetales estén blandos. Retirar y reservar.

2. En una sartén antiadherente tostar las semillas de zapallo (sin aceite). Reservar.

3. Cortar la cebolla y la zanahoria en brunoise (trozos muy pequeños) y cocinarlas en una sartén junto con el ghee, hasta dorar.

4. En un bol colocar las remolachas y papas cocidas y la preparación de cebolla y zanahoria.

5. Procesar y agregar, paulatinamente, la leche de almendras, hasta obtener una consistencia cremosa. Condimentar con sal y comino.

6. Cocinar 10 minutos para templar la sopa y servir decorando con las semillas de zapallo tostadas.

Esta preparación es ideal para las constituciones Vata por sus ingredientes y forma de preparación.

El ghee y las semillas de zapallo le otorgan a la preparacion la oleosidad ideal para evitar sequedad y frialdad propias de dicha constitución.

La armónica combinación de estos alimentos y su preparación caliente potencian el efecto beneficioso, principalmente, en estaciones de otoño e invierno.

Se puede reemplazar la papa por mandioca o batata en las mismas proporciones, al igual que el ghee por aceite de coco.

HUMMUS

 PORCIONES
3 a 4 porciones

 TIEMPO DE PREPARACIÓN
10 minutos

 TIEMPO DE COCCIÓN
30 minutos

 **DIFICULTAD**
Intermedia

2 tazas de garbanzos cocidos.

Jugo de 1 limón.

¼ de taza de tahini (pasta de sésamo).

1 diente de ajo.

2 cucharadas soperas de aceite de oliva.

1 cucharadita de comino en polvo.

Sal.

2 o 3 cucharadas soperas de agua.

Pimentón, para decorar.

1. Dejar los garbanzos en remojo en un recipiente totalmente cubiertos por agua, por una noche.

2. Enjuagar los garbanzos y colocarlos en una cacerola en agua hirviendo. Cocinar a fuego medio hasta que estén tiernos (aproximadamente 30 minutos). Colar y reservar.

3. Procesar el tahini con el jugo de limón por 1 minuto.

4. Agregar el aceite de oliva, el ajo picado, el comino y la sal y procesar nuevamente.

5. Añadir los garbanzos y volver a procesar hasta obtener una pasta homogénea. Puede ser necesario agregar algunas cucharadas de agua.

6. Servir decorando con un poco de aceite de oliva y pimentón.

El hummus se conserva hasta 1 semana en la heladera (dependiendo de la cantidad de agua agregada, ya que es uno de los factores que disminuye el tiempo de conservación en las preparaciones).

El contenido proteico de éstos alimentos aportará elemento tierra, que colabora en la formación de masa muscular y ayuda a centrar y estabilizar la mente.

Las legumbres representan una excelente opción para Vata, siempre que se las remoje toda la noche y/o se les agreguen especias carminativas (ver luego).

SOPA DE LECHUGA

 PORCIONES
3 a 4 porciones

 TIEMPO DE PREPARACIÓN
10 minutos

 TIEMPO DE COCCIÓN
15 minutos

 **DIFICULTAD**
Intermedia

2 plantas de lechuga grandes.

2 cebollas medianas.

2 batatas grandes.

1 /1,5 l de agua.

Aceite, cantidad necesaria.

Sal y pimienta blanca.

Semillas de girasol, para decorar.

1. Lavar las hojas de lechuga, escurrirlas bien y cortarlas en trozos pequeños.

2. Pelar y picar las cebollas y saltearlas en una cacerola con un chorrito de aceite y una pizca de sal. Agregar el agua y, cuando rompa el hervor, agregar la lechuga. Cocinar por 10 minutos aproximadamente.

3. Condimentar con sal y pimienta y procesar o licuar la preparación.

4. Cocinar las batatas al vapor o hervirlas y hacer un pure. Agregarlo a la sopa para que tome consistencia de crema.

5. Servir en plato hondo, espolvoreando con semillas de girasol.

La lechuga tiene propiedades sedantes y la batata, al crecer debajo del suelo, aporta el elemento Tierra; ambos ayudan a conciliar el sueño lo que es ideal para Vata que tiende a padecer insomnio o a tener un sueño liviano.

Si se quiere obtener una consistencia más espesa, se puede reemplazar una parte del agua por leche de almendras.

RAITA DE ZANAHORIAS

 **PORCIONES**
un tazón

 **TIEMPO DE PREPARACIÓN**
10 minutos

 **TIEMPO DE COCCIÓN**
3 minutos

 **DIFICULTAD**
Fácil

2 tazas de yogur natural.

4 zanahorias.

1 cucharadita de comino en polvo.

Sal y pimienta.

1 cucharada de hinojo picado (opcional).

Hojas de cilantro o de hinojo, para decorar.

1. Lavar y pelar las zanahorias y rallarlas. Cocinarlas al vapor por 2 o 3 minutos.

2. Mientras se cocinan las zanahorias, colocar en un recipiente el yogur con el comino, el hinojo picado, sal y pimienta. Mezclar hasta integrar. Se puede agregar un poco de agua, si se desea una consistencia más liquida.

3. Agregar las zanahorias a la preparación de yogur y volver a mezclar.

4. Servir decorando con hojas de cilantro o hinojo. También se pueden espolvorear castañas de cajú o semillas de zapallo tostadas.

Los raitas son un sabroso condimento para acompañar las comidas utilizando yogur como ingrediente principal. Sólo, éste es ácido, pesado y difícil de digerir. Las especias y condimentos hacen que sea de más fácil digestión. De todos modos, se recomienda consumir no más de una o dos cucharadas en la comida.

Vata es de todos los dosha el que más se puede permitir consumir yogur, ya que es el único que se beneficia con el sabor ácido (Fuego y Tierra). Si Pitta lo consume, es recomendable agregar más comino, cilantro e hinojo, que tienen propiedades enfriantes. Kapha debe consumirlo sólo ocasionalmente, ya que no se beneficia ingiriendo alimentos pesados y cremosos (su digestión es de por sí pesada).

TABBULLE

 **PORCIONES**
4 porciones

 TIEMPO DE PREPARACIÓN
20 minutos

 **DIFICULTAD**
Intermedio

1 taza de trigo burgol fino crudo.

1/2 atado de perejil.

2 tomates redondos grandes.

1 diente de ajo.

1 zucchini mediano.

1 cebolla morada tamaño mediano

El jugo de un limón mediano.

4 cucharadas soperas de aceite de oliva.

Sal marina y pimienta negra.

1. Colocar el trigo burgol en un recipiente con unas cucharadas de agua, para hidratarlo.

2. Cortar los tomates, la cebolla y el zucchini en brunoise. Reservar.

3. Colocar en un bol el trigo hidratado y los vegetales cortados, agregar las hojas de perejil junto con el ajo picado.

4. Mezclar la preparación y condimentar con el jugo de limón, el aceite de oliva, sal y pimienta. Servir de inmediato.

El trigo burgol es un cereal que aporta vitaminas del complejo B, además contiene calcio y fósforo en su composición. Su rasa dulce ejerce un efecto positivo en las constituciones Vata y es una excelente opción para acompañar preparaciones tanto frías como calientes, para mejorar su oleosidad y pesadez.

El tomate es una fruta de virya calentante, por su sabor (ácido), mejora la potencia del agni digestivo.

El perejil tiene propiedades emenagogas, mejorando la circulación y la digestión.

TORTILLA DE BATATA, QUÍNOA Y ROMERO

 **PORCIONES**
5 porciones

 TIEMPO DE PREPARACIÓN
30 minutos

 **TIEMPO DE COCCIÓN**
30 minutos

 **DIFICULTAD**
Intermedio

2 batatas medianas.

1 taza de quínoa.

1 huevo.

½ taza tipo de té de harina de trigo integral extrafina,

1 cucharada sopera de ghee.

½ vaso de leche de almendras.

1 ramita de romero fresco.

Sal marina y comino molido.

2 cucharadas soperas de aceite de oliva.

1. Hervir la quínoa, previamente lavada para retirar impurezas, en el doble de agua de su volumen. Reservar.

2. Cortar en cubos de 1,5 cm de lado las batatas previamente peladas, luego condimentar con sal, comino y el romero picado fino y llevar al horno en una asadera con una cucharada de aceite de oliva. Cocinar hasta dorar y reservar.

3. Realizar el roux (mezcla para espesar) colocando el ghee en una sartén a fuego directo y agregando la harina de trigo integral. Mezclar hasta obtener una pasta blanca homogénea.

4. Agregar la leche de almendras fría (es muy importante que sea así para evitar que se formen grumos) y revolver enérgicamente hasta espesar la preparación. Reservar.

5. En un bol, colocar las batatas asadas junto con la quínoa, el huevo y la salsa bechamel modificada del punto anterior. Mezclar hasta integrar.

6. Colocar la preparación en una sartén a fuego directo con una cucharada de aceite de oliva y dejar que se forme una costra dorada, luego dar vuelta y repetir el procedimiento hasta conseguir la cocción total.

7. Retirar del fuego y servir.

La batata le da a la preparación los elementos Tierra y Agua, característicos de su rasa o sabor dulce, ideales para mejorar los desequilibrios presentes en Vata. La quínoa, es un cereal altamente beneficioso para la alimentación, ya que posee todos los aminoácidos en su composición química, lo cual lo hace completo. Como todos los cereales, su alta concentración de hidratos de carbono le otorga la cualidad de pesado y húmedo, ya que se hidrata en su preparación.

HAMBURGUESAS DE POROTOS ADUKI Y AVENA

 **PORCIONES**
5 hamburguesas

 **TIEMPO DE PREPARACIÓN**
15 minutos

 **TIEMPO DE COCCIÓN**
10 minutos

 **DIFICULTAD**
Complejo

2 huevos.

1 taza de porotos aduki cocidos .

1/2 taza de avena.

1/2 zanahoria mediana.

1/4 de morrón mediano.

2 cebollas blancas chicas.

1/2 zapallito chico.

1 diente de ajo (opcional).

Sésamo blanco procesado y cúrcuma, cantidades necesarias.

2 cucharadas de ghee.

Sal marina.

1. Cortar en brunoise la zanahoria, la cebolla, el morrón y el zapallito, y picar el ajo. Reservar.

2. Saltear los vegetales con una cucharada de ghee, condimentar con sal marina y cúrcuma. Reservar.

3. Procesar los porotos cocidos junto con los huevos y agregar el salteado de vegetales y la avena. Mezclar hasta integrar y agregar unas cucharadas soperas de sésamo procesado, hasta conseguir una pasta que se pueda manejar con las manos. El sésamo procesado también se puede utilizar para rebozar las hamburguesas, para evitar que se peguen.

4. Calentar una plancha de hierro o una sartén con una cucharada de ghee.

5. Armar bolitas con la preparación de porotos, colocarlas en la sartén o plancha y presionar hasta armar las hamburguesas. Cocinar de un lado, dar vuelta y seguir cocinando hasta dorar. Servir de inmediato.

Estas hamburguesas se pueden cocinar en el horno, siguiendo las mismas instrucciones que las de Falafel.

Los porotos aduki son una excelente fuente de proteínas y aportan también minerales como calcio, hierro y fósforo y vitaminas A y B.

SABJI VATA (ARVEJAS Y HONGOS SALTEADOS)

 **PORCIONES**
4 porciones

 TIEMPO DE PREPARACIÓN
30 minutos

 TIEMPO DE COCCIÓN
15 minutos

 **DIFICULTAD**
Intermedio

1 taza de arvejas frescas.

1 papa mediana.

1 batata mediana.

10 hongos, champiñones o portobellos.

1 cebolla picada.

1 diente de ajo (opcional).

1 morrón rojo o verde.

Una pizca de pimienta negra.

1 ramita de romero fresco.

1 cucharadita de jengibre rallado.

Una pizca de sal.

3 cucharadas soperas de ghee o de aceite de sésamo.

1. Cocinar al vapor las papas y las batatas previamente peladas y cortadas en cubos.

2. Colocar en una sartén el ajo picado bien fino, la cebolla cortada en juliana y el morrón y los hongos lavados y cortados en 4 partes, junto con 3 cucharadas de ghee.

3. Agregar las papas y batatas cocidas y cocinar hasta dorar la preparación. Condimentar con pimienta, sal, la ramita de romero y el jengibre. Mezclar y cocinar a fuego fuerte por 2 o 3 minutos.

4. Añadir las arvejas frescas y seguir cocinando por 2 minutos más. Si es necesario, agregar unas gotas de agua para evitar que se peguen los vegetales. Servir.

Los sabjis son preparaciones ayurvédicas hechas a base de variedades de vegetales cocidos especiados. Para el Ayurveda, la mejor forma de preparar los vegetales es saltearlos con ghee, aceite y especias o cocinarlos con un poco de agua. No recomienda consumir grandes cantidades de vegetales crudos (como siempre, depende, el dosha y la estación del año) ya que son difíciles de digerir. En caso de hacerlo, consumirlos preferentemente en verano y al mediodía cuando el agni está más alto.

PALAK PANEER

 **PORCIONES**
2 porciones

 TIEMPO DE PREPARACIÓN
15 minutos

 TIEMPO DE COCCIÓN
10 minutos

 **DIFICULTAD**
Intermedio

500 g de espinacas.

1 cebolla o medio bulbo de hinojo picado fino.

1 tomate cortado en cubos.

1/2 cucharadita de semillas de comino.

1/2 cucharadita de semillas de fenogreco.

1/2 cucharadita de cúrcuma.

1 cucharadita de jengibre fresco rallado.

1 cucharada de ghee o aceite de girasol.

Sal marina.

Agua, cantidad necesaria.

150 g de paneer o tofu cortado en cubitos.

1. Lavar las hojas de espinaca. Cocinarlas al vapor por unos minutos, hasta que estén tiernas. Procesarlas con un poco de agua.

2. Calentar en una olla el ghee o el aceite y agregar las semillas de fenogreco y comino, enseguida añadir la cebolla o el hinojo y el paneer o el tofu, y dorar.

3. Incorporar la cúrcuma, el jengibre y un poco de sal a la preparación y mezclar todo.

4. Agregar los cubos de tomate, revolver por 1 minuto y agregar la espinaca procesada. Cocinar por 5 minutos, añadiendo un poco de agua si fuera necesario. Otra opción es incorporar la espinaca en crudo a la preparación y cocinar todo por 10 minutos en lugar de los 5 indicados. Servir caliente.

INGREDIENTES PARA PREPARAR EL PANEER:

2 l de leche.

5 cucharadas de jugo de limón.

Preparación:

- Llevar la leche a hervor. Retirar del fuego y agregar el limón de a una cucharada, removiendo. Dejar enfriar por media hora y volcar la preparación sobre un colador cubierto por un lienzo. Exprimir para eliminar lo más posible el líquido (cuanto más se apriete, más firme quedará el paneer). Estando dentro del lienzo, darle forma rectangular y colocar algo plano y pesado encima (como una tabla de madera) para presionar. Luego se puede desmoldar. Rinde aproximadamente 250 g de paneer.

El Paneer es una variedad de queso indio que no se derrite. Como se indica en la receta, se puede reemplazar por tofu (queso de soja).

TRUFAS DE DÁTILES, ALMENDRAS Y MANTEQUILLA DE MANÍ

PORCIONES
12 a 15 trufas

TIEMPO DE PREPARACIÓN
15 minutos

DIFICULTAD
Fácil

1 taza de dátiles sin carozo.

1 taza de almendras previamente hidratadas (se pueden reemplazar por nueces o castañas de cajú).

2 cucharadas de mantequilla de maní.

Unas gotas de esencia de vainilla.

Una pizca de canela.

Una pizca de sal marina.

Coco rallado, cantidad necesaria.

1. Dejar los dátiles en remojo por 1 hora. Escurrir.

2. Procesar todos los ingredientes, excepto el coco rallado, hasta obtener una pasta homogénea (pueden quedar trozos sin procesar, para que la preparación tenga un poco de textura).

3. Tomar pequeñas porciones de la mezcla con una cuchara, darles forma redondeada y pasarlas por coco rallado.

4. Colocar en el freezer por 10 minutos y servir.

Éste snack al estar hecho con ingredientes sattvicos, dará mayor saciedad que los dulces procesados, que suelen tener sustancias adictivas que hacen que, cuanto más comemos, más queramos seguir haciéndolo.

PANCAKES TIBIOS DE MANGO

 **PORCIONES**
4 porciones

 TIEMPO DE PREPARACIÓN
30 minutos

 **TIEMPO DE COCCIÓN**
10 minutos

 **DIFICULTAD**
Intermedio

1 taza de harina de almendras.

1 huevo.

1 vaina de vainilla.

6 cucharadas de azúcar mascabo.

Una pizca de sal.

1 mango maduro.

Miel liquida, cantidad necesaria.

1. Procesar el huevo con la harina de almendras, la pasta de la vaina de vainilla, 3 cucharadas de azúcar mascabo y una pizca de sal. Debe obtenerse una mezcla homogénea.

2. Calentar al fuego una sartén antiadherente o previamente aceitada, colocar una cucharada de la preparación y esparcirla hasta formar un disco fino. Dejar unos minutos y dar vuelta. Reservar.

3. Lavar el mango, retirar la cáscara y el carozo, y cortar en pequeños cubos.

4. Colocar las fruta en una olla junto con 3 cucharadas de azúcar mascabo. Revolver hasta ablandar la fruta y disolver el azúcar.

5. Retirar del fuego y, en caliente, colocar por encima del creppe, bañando con miel líquida pura. Servir de inmediato.

Estos postres, que en general son fríos, están permitidos para Vata; en esta preparación la cocción del mango contribuye a disminuir el frío característico del dosha, aportando el rasa dulce con los elementos complementarios

Estos pancakes, panqueques o creppes se pueden realizar con diferentes frutas, teniendo en cuenta que estén maduras y aporten los elementos principales que compensan el dosha.

Se puede reemplazar la harina de almendras por harina de arroz o trigo serraceno.

PORRIDGE DE AVENA Y PERAS ASADAS

 **PORCIONES**
3 porciones

 TIEMPO DE PREPARACIÓN
30 minutos

 TIEMPO DE COCCIÓN
10 minutos

 **DIFICULTAD**
Intermedio

1/2 taza de avena en hojuelas.

2 peras maduras.

1 taza de leche de almendras.

1 cucharadita de canela en polvo.

1 cucharada sopera de azúcar mascabo (opcional).

¼ cucharada de jengibre en polvo.

1 cucharada sopera de aceite de coco.

Miel pura líquida, cantidad necesaria.

Nueces, cantidad necesaria.

Una pizca de sal marina machacada (para realzar el sabor).

1. Pelar y cortar las peras, untarlas con aceite de coco y colocarlas en una asadera. Cocinar en un horno fuerte hasta dorar.

2. En una olla o cacerola colocar la avena junto con la leche y cocinar revolviendo constantemente hasta hidratar la avena.

3. Agregar el azúcar y la sal junto con la cucharadita de jengibre. Mezclar hasta homogeneizar la mezcla.

4. Servir en un bol, añadir por encima las peras asadas y las nueces, espolvorear con canela en polvo y servir bañando con miel líquida.

Las peras, en su estado maduro, aportan dulzor a la preparación y, también, los elementos tierra y agua favorables para el dosha. El cocinarlas disminuye su cualidad astringente, volviéndolas aptas para consumir por Vata.

Se puede reemplazar la leche de almendras por agua u otros tipos de leche.

MUFFINS DE CIRUELA Y CARDAMOMO

 **PORCIONES**
6 porciones

 **TIEMPO DE PREPARACIÓN**
15 minutos

 TIEMPO DE COCCIÓN
20 minutos

 **DIFICULTAD**
Intermedio

1 huevo.

1 banana madura.

2 cucharadas soperas de aceite de coco.

1 cucharadita de polvo de hornear.

3 cucharadas soperas de azúcar mascabo.

10 cucharadas soperas de harina de trigo sarraceno.

1 cucharada de semillas de cardamomo en polvo.

10 ciruelas disecadas (previamente hidratadas).

1. Colocar en un bol el huevo y la banana pelada, el azúcar y el aceite de coco. Procesar hasta obtener una crema.

2. Agregar la harina de trigo sarraceno, el polvo de hornear y el cardamomo en polvo previamente tamizados. Mezclar hasta integrar bien.

3. Cortar las 4 ciruelas, previamente hidratadas, y agregar a la preparación del punto anterior.

4. Colocar la preparación en moldes de silicona o aptos para cocción en horno, completando hasta la mitad, colocar en el centro una ciruela entera y terminar añadiendo la mezcla hasta cubrir las ¾ partes del molde.

5. Cocinar en horno a 200 C° por 20 minutos o hasta que se introduzca un palillo en el centro y se retire seco.

6. Dejar enfriar y servir.

El cardamomo es una especia picante, dulce y de Vyria calentante, ideal para compensar los desequilibrios Vata. Al igual que las ciruelas maduras, mejoran los síntomas del dosha exacerbado.

La banana posee en su composición química inulina, un polisacárido con función de prebiótico, el cual beneficia la flora intestinal.

Esta receta es ideal para reemplazar las preparaciones con harina de trigo, ya que no posee TACC (trigo, avena, cebada y centeno)

SMOOTHIE DE LECHE DORADA

 **PORCIONES**
1 taza.

 **TIEMPO DE PREPARACIÓN**
5 minutos

 **DIFICULTAD**
Fácil

1 taza de leche de almendras.

1 banana.

1 mango pequeño.

1/2 cucharadita de cúrcuma.

1/2 cucharadita de aceite de coco.

Endulzante a gusto (miel, azúcar mascabo, stevia, dátiles, pasas de uva).

1. Procesar o licuar todos los ingredientes.

2. Servir de inmediato.

La leche de almendras es ideal para Vata, ya que es muy nutritiva y lubricante.

Los frutos secos aportan el elemento Tierra que Vata tanto necesita. Se combinan con frutas dulces como banana y mango, que también aportan elemento Tierra y Agua.

MENÚ PARA PITTA

OTOÑO - INVIERNO

DESAYUNO

ALMUERZO

ENTRADA:

PLATO PRINCIPAL:

MERIENDA - SNACK

CENA

PRIMAVERA - VERANO

DESAYUNO

ALMUERZO

ENTRADA:

PLATO PRINCIPAL:

MERIENDA - SNACK

CENA

PITTA

RECETAS PARA PITTA Y DESEQUILIBRIOS PITTA

QUESO CREMA DE CASTAÑAS Y ALGAS

PORCIONES
½ frasco

TIEMPO DE PREPARACIÓN
15 minutos

DIFICULTAD
Fácil

250 g de castañas sin tostar.

1 cucharadita de levadura nutricional.

Agua, cantidad necesaria.

2 cucharadas soperas de aceite de oliva.

1 cucharada sopera de jugo de limón.

Sal marina.

1. Colocar en remojo las castañas sin tostar entre 3 y 8 horas. Colar y enjuagar.

2. Colocarlas en un bol junto con el resto de los ingredientes y procesar hasta obtener una crema firme. Agregar agua en el caso de ser necesario.

3. Colocar en un frasco limpio y refrigerar hasta consumir

Esta es una buena opción para reemplazar el queso crema comercial, mejorando el perfil nutricional, ya que esta versión de untable tiene aceites esenciales, fibra, vitaminas del complejo B, magnesio y calcio, entre otros micronutrientes. Además equilibra el dosha Pitta por no poseer procesos de fermentación en su elaboración. ¡Y es imposible resistirse a su sabor!

Puede estar entre 1 y 3 días en la heladera, cuanta más agua se coloque al momento de la preparación, menos tiempo debe estar refrigerado, ya que el agua facilita la generación de microorganismos.

SOPA FRÍA DE PEPINOS Y MENTA

 **PORCIONES**
3 porciones

 **TIEMPO DE PREPARACIÓN**
15 minutos

 **DIFICULTAD**
Fácil

2 pepinos grandes.

2 paltas maduras.

2 cebollas.

1 l de caldo de verduras frío.

200 ml de leche de almendras.

Sal marina.

Una pizca de comino en polvo.

8 hojas de menta.

1. Lavar y pelar los pepinos, cortarlos en trozos y retirar las semillas.

2. Cortar la palta al medio y retirar el carozo, con una cuchara separar la cáscara de la pulpa. Reservar.

3. Lavar y pelar las cebollas y cortarlas en trozos.

4. Procesar los pepinos junto con la palta, la cebolla y las hojas de menta (reservar alguna para decorar). Agregar paulatinamente el caldo y la leche de almendras y condimentar con sal y comino.

5. Servir decorando con unas hojas de menta en el centro del plato.

Esta receta es para demostrar que hasta los Pitta pueden disfrutar de una rica sopa.

El pepino aporta la frescura ideal para equilibrar el calor característico del dosha.

La menta, además de potenciar el efecto del pepino, tiene propiedades antiinflamatorias a nivel intestinal y mejora estados de colon irritable.

La cebolla aporta el rasa dulce y acompaña con la fibra y la inulina que actúa como prebiótico a nivel intestinal.

ENSALADA DE BROTES CON SALSA DE PALTA

 **PORCIONES**
1 frasco

 **TIEMPO DE PREPARACIÓN**
15 minutos

 **DIFICULTAD**
Fácil

Para la salsa:

2 paltas grandes
y maduras.

Jugo de 1 limón.

4 cucharadas soperas
de aceite de oliva.

Sal marina.

Para la ensalada:

½ taza de brotes
de puerro.

½ taza de brotes
de rabanitos.

½ taza de brotes de soja.

½ zanahoria mediana.

Hojas de lechuga
mantecosa.

3 tomates cherry
dulces y maduros.

1. Para la salsa, pelar las paltas y retirar los carozos.

2. Colocar en un bol el jugo de limón, aceite de oliva y sal marina. Procesar o licuar hasta obtener una crema semi líquida. Reservar.

3. Para la ensalada, lavar los brotes de puerro, rabanito y soja, junto con la lechuga y los cherrys maduros. Cortar la zanahoria en juliana o rallarla fina.

4. Colocar todos los ingredientes en una ensaladera, mezclar y cubrir con la salsa. Servir de inmediato.

Esta salsa es una buena opción para reemplazar la vinagreta convencional de aceite/vinagre y sal, mejorando la composición química ya que la palta provee aceites esenciales omega 9.

También se puede utilizar para acompañar comidas calientes en otras versiones. Una vez realizada hay que utilizarla, no se debe refrigerar ya que se oxida y oscurece.

ARROLLADITOS DE ZUCCHINI Y VEGETALES

 **PORCIONES**
6 unidades

 **TIEMPO DE PREPARACIÓN**
25 minutos

 **DIFICULTAD**
Complejo

1 zucchini grande.

½ morrón amarillo/
verde/colorado.

½ remolacha hervida.

½ pepino.

1 taza de trigo
burgol fino.

Jugo de 1 limón.

Sal marina.

4 hojas de cilantro.

1. Cortar a lo largo el zucchini con cuchillo o mandolina en láminas finas. Reservar.

2. En un bol, colocar el trigo burgol con el limón y las hojas de cilantro. Dejar reposar 10 minutos hasta hidratar. Reservar

3. Cortar en juliana (finas tiras) el morrón, la remolacha y el pepino.

4. Para el armado, estirar una lámina de zucchini y, en forma perpendicular y central, colocar 1 cucharada de trigo burgol adobado y los vegetales cortados, condimentar con sal marina y enrollar. Servir.

Esta preparación, al ser fresca y sin cocción, es una opción ideal para las comidas de Pitta, principalmente en épocas de intenso calor como el verano. La frescura del vyria del pepino y el zucchini mejoran el calor típico del dosha, como así también el efecto post digestivo del limón y el cilantro es un enfriante necesario para disminuir el fuego.

El cilantro, además, es diaforético, diurético, carminativo y antiinflamatorio. Fresco aporta un sabor particular a la preparación.

Es ideal para acompañar con una salsa agridulce de limón, jengibre y miel cruda o una salsa de palta con ajo y oliva.

HAMBURGUESAS DE FALAFEL

 **PORCIONES**
15 unidades

 TIEMPO DE PREPARACIÓN
20 a 25 minutos

 TIEMPO DE COCCIÓN
20 a 30 minutos

 DIFICULTAD
Complejo

2 y ½ tazas de garbanzos remojados.

1 cebolla grande o 2 pequeñas picadas.

Un puñado de perejil fresco y/o cilantro.

2 dientes de ajo picados.

3 cucharaditas de comino molido.

1 cucharadita de bicarbonato de sodio.

1 cucharadita de sal marina.

Una pizca de pimienta.

1/4 de taza de agua.

1/2 taza de harina de garbanzos.

Harina integral extrafina o harina de arroz, cantidad necesaria.

1. Dejar en remojo los garbanzos una noche. Luego enjuagar y colar.

2. Procesar los garbanzos con las cebollas, el ajo, el perejil, el cilantro y una taza de agua, hasta obtener una consistencia no del todo homogénea. Si se prefiere apreciar más la textura del cilantro y la cebolla, procesar sólo los garbanzos con el ajo y el agua y luego agregarlos.

3. Añadir la harina de garbanzos, sal, pimienta, comino y bicarbonato, y dejar reposar 20 minutos.

4. Armar bolitas del tamaño deseado de la preparación del punto anterior, rebozar con harina de arroz y aplastar para dar forma de hamburguesa. El rebozado hará que queden crocantes por fuera y evitará que las hamburguesas se peguen a la placa.

5. Cocinar en un horno medio, de ambos lados, de 20 a 30 minutos. También se pueden pre cocer en el horno y luego terminar de cocinarlas en la sartén, para que queden más crocantes.

Si se quieren freezar (que de sáttvico pasa a ser rajásico) se puede agregar un poco más de harina de garbanzo a la mezcla para que se conserven mejor. Esto evitará que la preparación quede aguada cuando se descongele. También se les puede dar una cocción de 10 minutos aproximadamente y luego freezarlas. Al momento de consumirlas, completar la cocción sobre una sartén.

¡Se pueden acompañar con el raita de zanahorias o con el chutney de peras!

LÁMINAS DE ARROZ Y VEGETALES FRESCOS

 PORCIONES
4 porciones

 TIEMPO DE PREPARACIÓN
15 minutos

 TIEMPO DE COCCIÓN
10 minutos (opcional)

 DIFICULTAD
Complejo

8 láminas de arroz pequeñas.

1 pepino mediano.

1 zanahoria mediana.

1 palta.

2 hongos portobello.

1 remolacha mediana hervida previamente.

½ morrón amarillo o verde.

½ taza de garbanzos cocidos.

½ taza de calabaza cocida.

4 cucharadas de aceite de coco.

Sal marina.

½ cucharadita de café de jengibre rallado.

1. Procesar los garbanzos, previamente cocidos, con la calabaza (cocinar en horno, envueltas en papel aluminio con unas ramitas de romero y una cucharada de aceite de girasol), el aceite de coco, el jengibre rallado y sal marina. Reservar.

2. Remojar las láminas de papel de arroz unos segundos y colocarlas cuidadosamente sobre un paño de cocina limpio.

3. Ubicar encima y en el centro de cada lámina, rodajas de palta, discos de remolacha, rodajas de hongos, tiras de morrón, zanahoria cortada en juliana. Ir alternando los vegetales para que los arrolladitos queden coloridos.

4. Agregar una cucharada de la pasta de garbanzos y calabaza en forma de cilindro sin llegar a los bordes de la lámina.

5. Doblar los laterales más pequeños de la lámina de arroz, pegándolos sobre el relleno. Repetir con los lados más largos hasta cerrar el arrollado.

Esta es una preparación fría que subsana el calor preponderante del dosha, mejorando la exacerbación de sus elementos.

Las láminas de arroz son una buena opción para reemplazar las harinas de trigo, posibilitando mejorar la variedad de ingredientes en nuestra dieta. Además, se pueden dorar en el horno sobre una plancha de silicona o en una sartén con una cucharada de aceite de oliva, recordando enfriar antes de servir para mantener el efecto refrescante propuesto para este dosha.

SABJI PITTA (HINOJO, ESPÁRRAGOS Y PAPAS RÚSTICAS)

 PORCIONES
4 porciones

 TIEMPO DE PREPARACIÓN
20 minutos

 TIEMPO DE COCCIÓN
30 minutos

 **DIFICULTAD**
Intermedio

1 taza tipo té de hinojo cortado en juliana.

2 papas peladas y cortadas en cubos.

8 puntas de espárragos.

1 cebolla mediana picada.

1 diente de ajo (opcional).

1 morrón colorado o verde asado.

1 cucharadita de pimentón dulce ahumado.

1 cucharadita de semillas de comino.

1 cucharadita de jengibre fresco.

Una pizca de sal.

3 cucharadas soperas de aceite de coco o de oliva.

1. Hervir las puntas de espárrago hasta que se ablanden. Tener en cuenta no sobre cocinarlos para evitar que pierdan sus nutrientes. Reservar.

2. Colocar las papas en una sartén junto con el ajo picado bien fino y 2 cucharadas de aceite de coco u oliva y cocinar hasta dorar. Reservar

3. Por otro lado, dorar el morrón cortado en juliana junto con el hinojo y la cebolla picada, cocinar hasta que estén tiernos, agregando 1 cucharada más de aceite de coco u oliva. Añadir el pimentón, la sal y el jengibre e integrar bien todo.

4. Reducir el fuego e incorporar las papas y los espárragos. Si es necesario, agregar un poco de agua para evitar que se peguen los vegetales.

5. Tapar y cocinar por 5 minutos. Retirar y servir.

Este plato se puede servir decorando con unos brotes de alfalfa o de puerro. Es ideal para acompañar con una salsa de paltas y aceite de oliva bien líquida.

El espárrago es tonificante y energizante ya que por sus cualidades se puede considerar homólogo de una planta denominada Shatavari, muy importante en la cultura oriental que, además, es muy recomendada en procesos de embarazo y lactancia.

ÑOQUIS DE REMOLACHA Y PLÁTANO

 **PORCIONES**
3 porciones

 **TIEMPO DE PREPARACIÓN**
20 minutos

 **TIEMPO DE COCCIÓN**
2/3 minutos

 **DIFICULTAD**
Complejo

1 plátano grande.

3 remolachas medianas.

Harina integral,
cantidad necesaria.

1 huevo.

Sal marina.

1. Cocinar al vapor las remolachas (con su piel, una vez cocidas se desprende con solo apretarlas con las manos) y el plátano, previamente pelado y cortado en rebanadas, hasta que estén blandos. Reservar.

2. Procesar las remolachas y el plátano junto con el huevo y condimentar con sal.

3. Agregar a la preparación del punto anterior harina integral en forma paulatina (no debe quedar una masa firme, sólo lo necesario para que se pueda manejar sin pegarse a las manos).

4. Esparcir un poco de harina en la mesada y formar cilindros de 1 cm de diámetro. Cortar trozos de 1,5 cm aproximadamente de largo y pasarlos por un tenedor o por un utensilio adecuado para formar ñoquis.

5. Calentar abundante agua y, cuando hierva, agregar los ñoquis. Cuando salen a la superfice, dejar unos segundos, retirar y colar.

La remolacha es un tubérculo que como rasa principal posee el dulce (madhura), con el elemento Tierra que complementa de forma ideal a Pitta, mejorando la presencia de desequilibrios de este dosha.

El plátano aporta la astringencia que ayuda a secar el exceso de agua propio de Pitta, además de contribuir con fibra y almidón al organismo.

Se puede reemplazar la harina integral por harina de trigo sarraceno o de arroz, en las mismas proporciones, también, se pueden agregar condimentos a la preparación para modificar el gusto de quien lo saborea.

TARTELETAS DE MIJO

 **PORCIONES**
8 porciones

 TIEMPO DE PREPARACIÓN
15 minutos

 **TIEMPO DE COCCIÓN**
35 minutos

 **DIFICULTAD**
Complejo

1 taza de mijo.

2 y 1/2 tazas tipo desayuno de agua.

1 cucharadita de cúrcuma.

1 cucharadita de pimentón.

Perejil picado.

Sal y pimienta.

1. Colocar en una cacerola el mijo (previamente lavado para retirar impurezas) y el agua, junto con las especias y la sal. Cocinar a fuego fuerte hasta que el agua comience a hervir y luego bajar a fuego medio o bajo. Continuar revolviendo y cocinar por aproximadamente 20 minutos, hasta que se evapore toda el agua.

2. Agregar el perejil picado fino y mezclar.

3. Colocar el mijo en moldes individuales o en un molde para tarta de un espesor de aproximadamente 2 cm.

4. Cocinar en el horno hasta que la base esté ligeramente tostada y luego agregar el relleno de tarta deseada; por ejemplo: calabaza y acelga o vegetales grillados

Ésta es una buena opción para ir reemplazando las harinas blancas y también es apta para celíacos. Una de las características principales del mijo, es que es alcalinizante. Todos los dosha se benefician con una dieta alcalina pero principalmente Pitta que, por su naturaleza de fuego tiende a ser muy ácido (digestión ácida, orina ácida, opiniones ácidas).

JUGO DE ALOE VERA

 **PORCIONES**
2 vasos

 **TIEMPO DE PREPARACIÓN**
5 minutos

 **DIFICULTAD**
Fácil

2 hojas de aloe vera
o 2 cucharadas de
jugo de aloe.

Jugo de 1 limón.

1 ramita de menta.

1 cucharadita de
cúrcuma (opcional).

500 ml de agua

1. Pelar las hojas de aloe vera con la ayuda de un cuchillo y extraer el gel que contiene en su interior, o utilizar jugo de aloe vera.

2. Licuar el jugo de limón, el aloe vera, la ramita de menta, la cúrcuma y el agua de 1 a 2 minutos y llevar a la heladera.

3. Servir frío y agregar miel, stevia o azúcar mascabo para endulzar.

Esta bebida es ideal para consumir en verano; la estación Pitta. Esta planta tiene un sabor muy intenso, por lo que si no se está acostumbrado a consumirla se puede primero incorporar una proporción más pequeña de ella y luego ir aumentando la cantidad paulatinamente.

El Aloe es refrescante y ayuda a limpiar toxinas del aparato digestivo, facilitando la digestión; también propicia un medio alcalino previniendo la acidez, una causa frecuente de indigestión para Pitta.

CHUTNEY DE BANANA

 PORCIONES
4 porciones

 TIEMPO DE PREPARACIÓN
5 minutos

 TIEMPO DE COCCIÓN
15 minutos

 **DIFICULTAD**
Intermedio

3 cucharadas soperas de aceite de coco.

1 cucharada sopera de canela.

1 cucharadita de cardamomo molido.

1 cucharadita de jengibre fresco rallado.

2 clavos de olor.

4 bananas grandes, peladas y cortadas en rodajas, aproximadamente de 1 cm.

2 cucharadas soperas de azúcar mascabo.

2 cucharadas soperas de vinagre de manzana.

½ taza de agua.

1. Calentar el aceite en una olla. Incorporar el cardamomo, los clavos, la canela y el jengibre. Cocinar 20 segundos revolviendo constantemente.

2. Subir el fuego y agregar las bananas. Cocinar 3 minutos mezclando cada tanto.

- Variante 1: Si se desea que la banana tenga consistencia más firme, se puede agregar el azúcar y cocinar por sólo 2 minutos más, retirar y servir.

- Variante 2: Agregar el azúcar, el vinagre y, si fuese necesario, el agua. Tapar y cocinar 10 minutos a fuego bajo. Destapar y cocinar 3 minutos más. Esta variante quedará con una consistencia similar a la de un puré.

Servir como acompañamiento caliente o frío. Se puede combinar con platos salados para hacer preparaciones agridulces. o como postre con pancakes, dulces etc. Esta receta se puede aprovechar para usar bananas que estén a punto de echarse a perder.

HELADO DE COCO Y PALTA

 **PORCIONES**
3 porciones

 **TIEMPO DE PREPARACIÓN**
15 minutos

 **DIFICULTAD**
Fácil

1 palta grande y madura.

1/3 taza de castañas de cajú (previamente hidratadas durante 2 hs en agua potable).

1 vaina de vainilla.

3 cucharadas soperas de miel cruda.

1 taza de leche de coco.

1/3 taza de jugo de limón recién exprimido.

1. Pelar la palta y retirar el carozo. Licuar la pulpa junto con las castañas, al principio a velocidad media y luego a alta.

2. Agregar lentamente el jugo de limón y los ingredientes restantes.

3. Una vez integrados muy bien todos los ingredientes (hay que obtener una mezcla cremosa), llevar al freezer al menos 2 horas. Es importante revolver la preparación cada 30 minutos para evitar que se cristalice.

4. Antes de servir el helado de coco y palta, colocarlo en la heladera para que tome una deliciosa textura cremosa y liviana.

Esta preparación dulce es ideal para Pitta por sus ingredientes y forma de preparación.

El coco tiene virya frío y ayuda en los desequilibrios de este dosha, junto con su acción diurética, la cual beneficia en el exceso de agua de esta constitución.

La armónica combinación de estos alimentos y su preparación fría potencian el efecto beneficioso, especialmente, en las estaciones de verano y primavera.

TRUFAS DE PALTA Y CACAO

 **PORCIONES**
10 a 12 trufas

 **TIEMPO DE PREPARACIÓN**
10 minutos

 **DIFICULTAD**
Fácil

1 palta madura.

½ taza de dátiles sin carozo y remojados.

¼ de taza de cacao en polvo + cantidad necesaria para rebozar.

1 a 2 cucharadas soperas de aceite de coco.

2 cucharadas soperas de coco rallado.

Una pizca de sal marina.

1. Procesar todos los ingredientes, hasta logar una pasta pareja.

2. Tomar porciones pequeñas de la mezcla y formar bolitas del tamaño deseado.

3. Pasar las trufas por cacao en polvo y colocarlas en el freezer por 10 minutos. Servir frías.

En India toman mucho contacto con la comida, ¡incluso comen el arroz directamente con las manos! Cuando el alimento ingresa por todos los sentidos, no sólo por el gusto sino también por el olfato a través del aroma, por la vista con una linda preparación, por el oído al escuchar el sonido de la cocción y por el tacto al hacer el amasado, todo esto nos provocará mayor saciedad y sensación de plenitud (al saciarnos a través de todos los sentidos, probablemente necesitemos consumir menos alimento). Así que la preparación de las trufas con las manos nos aportará nuevas sensaciones.

MERMELADA DE CHÍA

 **PORCIONES**
un frasco

 **TIEMPO DE PREPARACIÓN**
10 minutos

 **TIEMPO DE COCCIÓN**
15 minutos

 **DIFICULTAD**
complejo

2 tazas de fruta a elección, cortada.

1 o 2 cucharadas soperas de jugo de limón.

1 o 2 cucharadas soperas de miel o azúcar mascabo.

2 a 3 cucharadas soperas de semillas de chía.

Opcional: semillas de cardamomo trituradas o canela.

1. Lavar, pelar y cortar las frutas en trozos pequeños.

2. Saltear las frutas en una sartén a fuego medio, de 10 a 15 minutos, hasta que comiencen a deshacerse (se puede agregar un poco de agua, pero no mucha, ya que al calentarse la fruta comenzará a desprender líquido y la preparación quedará aguada).

3. Pisar la fruta hasta obtener un puré (se pueden dejar restos enteros de fruta para dar textura).

4. Agregar la miel y el jugo de limón. Probar y añadir más en caso de que sea necesario.

5. Añadir las especias y las semillas de chía y revolver.

6. Colocar en un frasco de vidrio en la heladera por 8 horas, para que la chía forme mucilago y esto le dé consistencia a la mermelada.

En caso de que se prefiera que no haya semillas de chía visibles, se puede procesar la preparación para homogeneizar la mezcla. Esta preparación utiliza el mucilago de la chía para dar consistencia, a diferencia de las mermeladas convencionales que utilizan una proporción de azúcar mucho mayor.

Los alimentos que generan mucilago ayudan a desintoxicar el organismo, ya que el gel atrapa toxinas y facilita su posterior eliminación. Además la chía tiene alto contenido de antioxidantes, calcio, hierro, y ácidos grasos omega 3, que protegen de las inflamaciones y ayudan a mantener la salud cardíaca (desequilibrios Pitta).

MENU PARA KAPHA

OTOÑO - INVIERNO

DESAYUNO

Té de jengibre y limón..Pág. 50
Té chai .... Pág. 138
Compota de frutas ....Pág. 144
Porridge con clavo de olor ....Pág. 82

ALMUERZO

ENTRADA
Paté de berenjenas ....Pág. 126

PLATO PRINCIPAL
Sabji Kapha ....Pág. 132
Pizzetas de brócoli y coliflor ....Pág. 134
Palak paneer. .... Pág. 76

MERIENDA - SNACK

Barritas energéticas .... Pág. 140
Leche dorada. .... Pág. 46
Pochoclo

CENA

Masoor dal con queso de semillas.................... Pág. 136 / Pág. 122
Kitchari variante Kapha .... Pág. 42
Verduras al vapor o grilladas

PRIMAVERA - VERANO

DESAYUNO

Té de jengibre y limón..Pág. 50
Pudding de chía..Pág. 142
1 fruta astringente

ALMUERZO

ENTRADA
Chips de Kale...Pág. 124
Chips de plátano...Pág. 120

PLATO PRINCIPAL
Pakoras..Pág. 128
Bastones de acelga y arroz
acompañados de ensalada..Pág. 130

MERIENDA - SNACK

Batido de maca y arandanos.......................... Pág. 146
Frutas frescas
Galletas de arroz
Semillas de girasol o zapallo

CENA

Kitchari tridóshico...Pág. 42
Masoor dal en consistencia de sopa................................Pág. 136
Ensalada
Verduras al vapor

KAPHA

RECETAS PARA KAPHA Y DESEQUILIBRIOS KAPHA

CHIPS DE PLÁTANO Y MAYONESA DE ZANAHORIA

 **PORCIONES**
2 porciones

 TIEMPO DE PREPARACIÓN
10 minutos

 TIEMPO DE COCCIÓN
15 minutos

 **DIFICULTAD**
Fácil

Para los chips:

2 plátanos grandes.

Sal marina.

4 cucharadas soperas de aceite de oliva.

Para la mayonesa:

2 zanahorias medianas.

2 cucharadas soperas de semillas de girasol.

1 cucharada sopera de aceite de oliva.

½ diente de ajo.

1 chorrito de agua.

Sal y pimienta.

1. Para preparar los chips, pelar los plátanos y cortarlos en finas láminas con un cuchillo o una mandolina.

2. Colocar en un bol con el aceite y mezclar hasta que todas las rodajas estén bien aceitadas.

3. Colocar en una plancha de silicona o en una asadera cubierta con papel aluminio sin encimar las rodajas de plátano, esparcir sal por encima y cocinar en un horno a 180°C por 15 minutos o hasta notar que se comienzan a dorar. Retirar y dejar enfriar.

4. Para preparar la mayonesa cortar las zanahorias cocidas previamente y procesarlas con el resto de los ingredientes. Añadir agua hasta obtener la consistencia deseada.

5. Servir los chips de plátano acompañando con la mayonesa de zanahoria.

Para los momentos de "picoteo" propios del dosha Kapha, este snack reemplaza alimentos más calóricos y menos nutritivos

El plátano es astringente y ayuda a secar el agua excesiva del dosha

Esta receta se puede realizar con las zanahorias crudas, para acompañar preparaciones Pitta.

La mayonesa de zanahorias es ideal para reemplazar aderezos procesados.

QUESO DE SEMILLAS

 **PORCIONES**
4 porciones

 **TIEMPO DE PREPARACIÓN**
10 minutos

 **DIFICULTAD**
Fácil

150 g de semillas de girasol.

1 cucharada de té de levadura nutricional.

½ cucharada de té de cúrcuma.

Sal marina.

1. Colocar todos los ingredientes en un molinillo de café o mortero y triturar hasta obtener un polvo granuloso, característico del queso rallado.

2. Colocar en un recipiente y servir.

Esta receta es ideal para reemplazar el queso rallado, con menos calorías y mejor perfil nutricional. Nos aporta aceites esenciales omega 6, vitaminas del complejo B, magnesio y calcio, entre otros nutrientes.

La cúrcuma mejora la digestión, ayuda a mantener la flora intestinal y es carminativa. Además, disminuye la ansiedad.

Se pueden agregar semillas de zapallo, lino, sésamo y realizar el mismo procedimiento.

CHIPS DE KALE

 PORCIONES
2 porciones

 TIEMPO DE PREPARACIÓN
10 minutos

 TIEMPO DE COCCIÓN
15 minutos

 DIFICULTAD
Fácil

300 g de hojas de kale frescas.

4 cucharadas soperas de aceite de oliva.

1 cucharada sopera de levadura nutricional (opcional).

Sal marina.

1. Lavar bien las hojas de kale con agua.

2. Colocar las hojas de kale en un bol con el aceite y mezclar hasta que estén bien aceitadas.

3. Colocar sin encimar las hojas en una plancha de silicona o en una asadera cubierta con papel aluminio, esparcir sal por encima y la levadura nutricional. Cocinar en un horno a 180°C por 15 minutos o hasta notar que comienzan a estar crocantes.

4. Retirar del horno, dejar enfriar y servir.

Otra opción para los momentos de hambre propios del dosha Kapha, este snack reemplaza alimentos más calóricos y menos nutritivos.

El kale, además de ser una de las fuentes de vitamina C más importantes en el mundo vegetal, es astringente y amargo, lo cual ayuda a secar el agua excesiva del dosha, aportando además fibra que mejora el peristaltismo intestinal.

BABAGANUSH (PATÉ DE BERENJENAS)

 **PORCIONES**
2 porciones

 TIEMPO DE PREPARACIÓN
10 minutos

 **TIEMPO DE COCCIÓN**
20 minutos

 **DIFICULTAD**
Intermedio

1 berenjena grande
o 2 medianas.

1 cebolla mediana.

2 o 3 dientes de ajo.

2 cucharadas soperas
de tahine (opcional).

Jugo de 1/2 limón.

4 cucharadas soperas
de aceite de oliva.

1 o 2 cucharadas soperas
de comino molido.

1 cucharada sopera
de pimentón.

Sal y pimienta.

1. Pelar y cortar la cebolla en aros. Lavar las berenjenas y cortarlas en rodajas, espolvorearlas con sal de ambos lados y dejarlas en reposo. Eliminar con una servilleta el jugo que desprenden.

2. Colocar las berenjenas y las cebollas en una fuente en el horno untada con aceite. Cocinar de un lado y del otro hasta que estén tiernas, aproximadamente 20 minutos.

3. Procesar las berenjenas y las cebollas con el resto de ingredientes: el ajo picado, el jugo de limón, el comino, pimentón, sal y pimienta. Añadir aceite hasta obtener la consistencia deseada.

Esta preparación contiene varios alimentos rajásicos (cebolla, ajo) y especias picantes que inducen al movimiento y aumentan el fuego digestivo. Es ideal para consumir cuando estamos en estados kaphosos de letargo y para activar la digestión lenta.

PAKORAS DE BERENJENAS

 PORCIONES
10 unidades

 TIEMPO DE PREPARACIÓN
10 minutos

 TIEMPO DE COCCIÓN
30 minutos

 **DIFICULTAD**
Intermedio

2 tazas de harina de garbanzos.

1 berenjena grande, cortada en dados pequeños.

3/4 de taza de cebolla picada.

1/2 morrón picado.

1 cebolla de verdeo picada.

Agua, cantidad necesaria.

2 cucharadas de cúrcuma.

2 cucharaditas de sal marina.

1 cucharada de comino.

1 pizca de pimienta negra.

1 cucharadita de orégano.

1 cucharada de aceite de oliva.

1. Mezclar todos los ingredientes e ir agregando agua hasta que se ligue la harina de garbanzos con los vegetales y las especias. Se debe obtener una masa de consistencia pegajosa.

2. Tomar porciones de 1 o 2 cucharadas de la mezcla del punto 1 y colocarlas en una asadera cubierta con papel manteca o en moldes de cupcake de silicona, para que no se peguen.

3. Cocinar en un horno medio, dando vuelta una vez y hasta que estén crocantes.

4. Retirar y servir.

BASTONES DE ACELGA Y ARROZ

 **PORCIONES**
3 porciones

 TIEMPO DE PREPARACIÓN
30 minutos

 **TIEMPO DE COCCIÓN**
10 minutos

 **DIFICULTAD**
Complejo

3 hojas de acelga
(que estén enteras).

1 taza de arroz
yamaní cocido.

½ remolacha pequeña.

¼ de taza de flores
de brócoli.

¼ morrón.

¼ cebolla blanca.

1 cucharadita de
cúrcuma en polvo.

1 cucharada de
aceite de oliva

Sal marina.

1. Colocar en una olla grande agua y llevar a hervor. Lavar bien las hojas de acelga con sus pencas y colocar de a una en el agua hirviendo unos minutos hasta que se ablanden. Retirar y escurrir bien. Dejarlas estiradas sobre un plato o papel film hasta que enfríen.

2. En la misma agua hirviendo colocar las flores de brócoli por 5 minutos, hasta que se ablande la parte central (cuidado con la sobre cocción, ésta hace que se pierdan nutrientes que son útiles para nuestro organismo). Retirar y reservar

3. De la misma manera, cocinar la remolacha con cáscara hasta que se ablande completamente. Retirar y procesar.

4. Cocinar el arroz en agua (en relación 3 medidas de arroz, 4 de agua para evitar que sobre líquido) por 20 minutos, hasta notar que los granos se ablandan. Retirar y dividir en dos partes

iguales. A la primera agregar sal y cúrcuma hasta teñir todo el recipiente (¡cuidado que la cúrcuma mancha mucho!). Agregar a la otra parte el puré de remolacha, repitiendo el mismo procedimiento, hasta lograr un color parejo. Condimentar con sal, especias y reservar.

5. Cortar en brunoise el morrón y la cebolla y saltear con una cucharada de aceite de oliva hasta dorar. Incorporar el brócoli y mezclar. Colocar la mitad de la preparación en cada mezcla de arroz.

6. Sobre un plato o tabla estirar la hoja de acelga y colocar en el centro dos o tres cucharadas de cada arroz con verduras (dependiendo del tamaño de la hoja de acelga), luego doblar los extremos más pequeños sobre el relleno y envolver con las partes más largas, como si fuera un sobre, realizando solo un poco de presión para que no se rompan las hojas.

SABJI KAPHA· ALOO GOBHI (CURRY DE COLIFLOR Y PAPAS)

 **PORCIONES**
4 porciones

 TIEMPO DE PREPARACIÓN
10 minutos

 **TIEMPO DE COCCIÓN**
15 a 20 minutos

 **DIFICULTAD**
Complejo

1 coliflor mediana, cortada en trocitos.

2 papas peladas y cortadas en cubos.

1/2 taza de arvejas.

1 cebolla picada.

1 cucharada de pasta de ajo y jengibre (pisar 3 dientes de ajo con una rodaja de jengibre).

1 taza de tomates pisados.

1 cucharadita de pimentón.

1/2 cucharadita de cúrcuma.

1 cucharadita de semillas de comino.

1 cucharadita de semillas de coriandro.

1/2 cucharadita de garam masala.

Una pizca de sal y pimienta.

2 cucharadas de ghee o de aceite de girasol.

1. En una olla calentar una cucharada de ghee o de aceite y agregar la papa cortada en cubos, saltear por 5 minutos a fuego fuerte.

2. Agregar el coliflor y cocinar hasta que esté tierno pero no aún del todo cocido. Retirar y reservar.

3. En la misma olla calentar el ghee o aceite restante, añadir el comino junto con el coriandro y, cuando comienzan a explotar, incorporar la cebolla, saltear ligeramente y luego la pasta de jengibre y ajo.

4. Agregar la cúrcuma, el pimentón, el garam masala, sal y pimienta. Integrar y luego añadir el puré de tomate. Mezclar y cocinar a fuego fuerte por 2 a 3 minutos.

5. Reducir el fuego e incorporar la papa, el coliflor y las arvejas. Revolver para sellar y agregar un tercio de taza de agua. Tapar y cocinar por 5 minutos a fuego medio (hasta que las papas estén tiernas), revolver de vez en cuando para que no se peguen y añadir agua si es necesario.

6. Destapar la olla y cocinar por 1 o 2 minutos más hasta que toda el agua se haya evaporado. Se puede servir con cilantro picado y acompañar con chapati.

PIZZETAS DE COLIFLOR Y BRÓCOLI

 **PORCIONES**
1 pizzeta

 TIEMPO DE PREPARACIÓN
30 minutos

 **TIEMPO DE COCCIÓN**
15 a 20 minutos

 **DIFICULTAD**
Intermedio

1 y ½ taza de coliflor.

1 huevo.

1 cucharada de
orégano seco.

1 papa grande.

1 cucharada de
levadura nutricional.

5 cucharadas soperas
de aceite de oliva.

4 flores de brócoli.

1 tomate redondo
maduro.

1 diente de ajo
(opcional).

Sal marina.

1. Cocinar al vapor las flores de brócoli y la papa previamente pelada y cortada en cubos hasta que ambas estén tiernas. Retirar y reservar.

2. En caliente, procesar la papa con 2 cucharadas de aceite, el ajo y la levadura hasta obtener una crema bien compacta, que será nuestro queso (¡no-queso!).

3. Procesar las flores de coliflor bien lavadas con 3 cucharadas de aceite de oliva, el orégano, sal y el huevo hasta lograr una pasta homogénea. Retirar y en el mismo recipiente procesar el tomate hasta lograr una salsa.

4. Colocar la preparación del punto anterior en un molde para pizza antiadherente o rociado con aceite vegetal para evitar que se pegue. Estirar con los dedos húmedos hasta obtener una masa de 1 cm de espesor. Reservar.

5. Añadir encima el tomate triturado y encima, el queso-pure. Decorar con las flores de brócoli y cocinar en un horno a 200° C hasta dorar la base de nuestra pizza. Retirar y servir.

Una de las recomendaciones para Kapha (¡y en general!) es disminuir la cantidad de harinas refinadas de nuestra dieta, ya que es uno de los alimentos acidificantes sanguíneos. De allí esta original masa.

El reemplazo de quesos de origen animal por esta opción vegetariana es, no sólo más natural, sino que también contiene menos grasas saturadas y sodio

Se pueden agregar diferentes vegetales a nuestra pizzeta como, por ejemplo, rodajas de berenjena asada, morrones asados, espinaca salteada con ajo... ¡o lo que más te guste!

MASOOR DAL

 **PORCIONES**
3 porciones

 TIEMPO DE PREPARACIÓN
10 minutos

 TIEMPO DE COCCIÓN
20 minutos

 DIFICULTAD
Complejo

1 taza de lentejas rojas.

1 cebolla pequeña picada.

1 diente de ajo.

1 tomate mediano pelado y pisado.

1 cucharadita de jengibre picado.

2 cucharadas soperas de ghee o aceite de girasol.

Una pizca de peperonccino en copos (se puede reemplazar por pimentón dulce).

¼ de cucharadita de fenogreco.

1 cucharadita de semillas de comino.

1/2 cucharadita de semillas de mostaza.

1/2 cucharadita de cúrcuma.

Una pizca de nuez moscada.

Una pizca de sal.

Unas hojas de cilantro fresco picadas.

1. Colocar el ghee o el aceite en una olla a fuego medio. Cuando el ghee esté derretido, agregar el ajo y las semillas de comino, mostaza y fenogreco, y saltear por 30 segundos, hasta que el ajo esté dorado pero no quemado.

2. Añadir la cebolla picada y revolver hasta que se vuelva transparente.

3. Enjuagar las lentejas. Cuando la cebolla esté lista, incorporarlas a la preparación y revolver unos minutos para sellarlas.

4. Agregar de 2 a 3 tazas de agua (depende de si se quiere consistencia de guiso o de sopa) y las especias en polvo, el jengibre y el tomate. Subir el fuego a fuerte y, cuando hierva, continuar cocinando de 15 a 20 minutos a fuego bajo o moderado, hasta que las lentejas estén tiernas (agregar agua si es necesario) y se vayan disolviendo.

5. Condimentar con sal y continuar la cocción por 2 minutos más. Decorar con las hojas de cilantro fresco y servir.

Un plato de muy fácil digestión, ideal para las personas que tienen fuego digestivo bajo o irregular (Kapha y Vata). Casi siempre se sirve acompañado de arroz, para obtener una comida rica en proteínas.

Las lentejas rojas o turcas ya están peladas, por lo que se digieren mejor que las comunes y por esta razón no requieren remojo previo.

TÉ CHAI

 PORCIONES
4 tazas

 **TIEMPO DE COCCIÓN**
5 minutos

 **DIFICULTAD**
Fácil

1 cucharada de cardamomo.

2 cucharadas de canela en polvo.

1 trozo de jengibre fresco.

2 cucharaditas de clavos de olor.

1 cucharadita de pimienta blanca.

1 l de agua.

1. Mezclar todos los ingredientes menos el agua.

2. Agregar una cucharadita de la mezcla a una taza de agua hirviendo.

3. Continuar cocinando a fuego medio por 5 minutos, retirar y servir.

Este té es ideal para Kapha, ya que está compuesto de diversos elementos en cada uno de sus ingredientes. El cardamomo, por su rasa picante al igual que el clavo de olor y la piminieta blanca, mejoran los estados de estancamiento del dosha. El efecto calentante del vyria de la canela, junto con los anteriores, son ideales para limpiar nadis (canales sutiles), principalmente antes de las comidas, para pontenciar el agni digestivo y garantizar una buena absorción de los nutrientres. El jengibre fresco, tridóshico en sus elementos, potencia la capacidad detoxificadora del organismo.

BARRITAS ENERGÉTICAS

 **PORCIONES**
6 barritas

 **TIEMPO DE PREPARACIÓN**
20 minutos

 **DIFICULTAD**
Intermedio

2 tazas de mix de frutos secos (almendras, castañas de cajú, nueces, avellanas).

½ taza de avena en hojuelas.

¼ taza de mix de semillas (chía, sésamo crudo, girasol, zapallo, lino dorado).

¼ taza de harina de almendras.

¼ taza de pasas de uva morenas.

½ taza de peras disecadas.

½ taza de miel pura y espesa.

2 cucharada soperas de aceite de coco.

1. Colocar las frutas secas en una sartén a fuego directo, sin aceite, y dorar. Retirar y trozarlas groseramente con cuchillo.

2. Colocar las frutas cortadas en un bol, agregar el resto de los ingredientes y amasar con las manos limpias y húmedas hasta integrar todo.

3. Distribuir la preparación en una asadera cubierta con papel manteca o en una placa de silicona y apretar con firmeza, sin separar los ingredientes, hasta obtener un rectángulo de 1,5 cm de espesor.

4. Llevar a la heladera por 2 hs, retirar y cortar en rectángulos de 4 cm por 8/10 cm y reservar refrigerado hasta su consumo.

Este es un buen snack para el dosha, si se consume en cantidades moderadas. Los aceites esenciales que nos proveen las frutas secas y semillas son indispensables para una buena nutrición ya que tienen omega 3, 6 y 9.

Se pueden agregar otras frutas para modificar el dosha a tratar. Por ejemplo, al agregar trozos de algún cítrico o jengibre, podremos potenciar los efectos para Vata.

PUDDING DE CHÍA Y FRUTOS ROJOS

 **PORCIONES**
1 porción

 **TIEMPO DE PREPARACIÓN**
5 a 10 minutos

 **DIFICULTAD**
Fácil

3/4 de taza de leche vegetal (almendras, coco, alpiste).

1/4 de taza de semillas de chía.

Frutos rojos a elección, cantidad necesaria.

Miel a gusto.

1. Colocar en un recipiente la leche vegetal, las semillas de chía y una cucharadita de miel. Revolver unas cuantas veces durante los siguientes 5 minutos, para que las semillas no sedimenten en el fondo. Llevar a la heladera durante 8 horas.

- Variante 1: servir acompañando con frutos rojos.

- Variante 2: antes de colocar la preparación en la heladera, procesar la leche, las semillas, la miel y los frutos durante 2 o 3 minutos para que quede una preparación homogénea. Luego refrigerar durante 8 horas.

Si bien esta receta se puede hacer con cualquier leche vegetal, para Kapha recomendamos utilizar la de alpiste; actúa como diurético (este dosha tiende a retener líquido), contiene una enzima llamada lipasa que favorece el catabolismo de grasa y ayuda a regular el colesterol (desequilibrios Kapha) permitiendo estabilizar los niveles de azúcar en sangre, ideal para las personas con diabetes (otro desequilibrio Kapha).

COMPOTA DE FRUTAS

 **PORCIONES**
3 porciones

 TIEMPO DE PREPARACIÓN
5 minutos

 **TIEMPO DE COCCIÓN**
10 minutos

 **DIFICULTAD**
Fácil

4 manzanas y/o peras.

1 taza de agua.

3 semillas de cardamomo.

1 cucharadita de canela.

1. Cortar las frutas en cubos y colocarlas en una olla junto con el agua, las semillas de cardamomo partidas y la canela. Tapar parcialmente y cocinar a fuego medio o bajo por aproximadamente 10 minutos.

2. Retirar del fuego y servir. Se le puede agregar una cucharadita de miel, pasas de uva, nueces, etc.

Esta receta es excelente para el desayuno, la merienda o como snack en invierno, especialmente para Kapha que necesita comida caliente y liviana y, para Vata, al que las frutas astringentes como manzanas o peras consumidas crudas le pueden generar desequilibrio; al cocinarlas y agregar especias como canela o cardamomo las podrá digerir muy fácilmente. De esta manera se facilita su digestión, sobre todo en invierno, cuando el fuego digestivo es más bajo, esto beneficia a Kapha (de digestión lenta) y a Vata (digestión irregular).

La compota también se puede consumir en verano a temperatura ambiente.

Las manzanas se pueden utilizar durante limpiezas o ayunos.

BATIDO DE MACA Y ARÁNDANOS

 **PORCIONES**
1 vaso

 **TIEMPO DE PREPARACIÓN**
5 minutos

 **DIFICULTAD**
fácil

1 vaso de leche de almendras.

1 cucharada de maca en polvo.

½ taza de arándanos frescos.

1 cucharada de miel o azúcar mascabo (opcional).

1. Licuar o procesar todos los ingredientes hasta obtener una preparación homogénea.

2. Servir de inmediato.

Los arándanos son de rasa ácido principalmente y astrigentes, ideales para situaciones de Kapha aumentado, ya que compensa los elementos presentes en el dosha. Además, esta fruta tiene efectos antioxidantes excelentes para nuestro organismo, por su cantidad de vitamina C.

La maca es una raíz que crece en las montañas andinas del Perú. Es conocida en fitoterapia por sus propiedades para regular el sistema endocrino, ayudando a regular los desequilibrios hormonales. Por su principio activo, las macamidas, es un energizante natural ideal para estados de estancamiento de Kapha, ya que estimula el hipotálamo y las glándulas suprarrenales.

Es importante controlar su consumo en estados de Vata aumentado pues puede incrementar el insominio propio de este dosha. Como otros ingredientes, está contraindicado en casos de embarazo y lactancia.

ESPECIAS

La fitoterapia, para que sea eficaz, requiere el apoyo de una dieta adecuada; que puede reforzar o contrarrestar el efecto de las plantas medicinales.

Antes de hablar de usos terapéuticos y demás, veamos qué diferencia hay entre hierba y planta, y entre condimento y especia:

- Planta: ser orgánico que crece y vive sin mudar de lugar por impulso voluntario.

- Hierba: es una planta con tallos delgados, tiernos y frágiles que perece luego de dar la simiente (es frágil, pues muere una vez que da el fruto o la semilla). Toda hierba es una planta, pero no al revés.

- Condimento: todo aquello que sirve para sazonar la comida y darle buen sabor, con propiedades que afectan al cuerpo humano. La sal, una salsa, el vinagre, son condimentos pero no son especias.

- Especia: condimento extraído de plantas y hierbas (raíces, hojas, semillas). Toda especia es un condimento, mas no al revés. Su gran capacidad para potenciar el sabor permite que se consigan grandes y rápidos efectos aromáticos en los alimentos, aun con cantidades muy pequeñas. No suelen presentar grandes aportes nutricionales, aunque cada una entrega un beneficio diferente a nuestro organismo en función de sus características propias. También ayudan a conseguir una digestión adecuada y favorecen la transformación de los alimentos. Tienen un profundo impacto en los sentidos y en la mente por medio de sus elementos, que son absorbidos por el hígado.

Veamos una serie de cuadros con plantas, con su acción de impacto según el virya, o fuerza térmica de impacto en el dosha y la función. Se pueden presentar como té, infusión fría, tintura madre, jugos, cataplasmas, condimentos, decocción, aceites, gritha (es el ghee con otras sustancias), pero siempre recordando que cada una se prepara de un modo especial, y con indicaciones y contraindicaciones precisas.

FITOTERAPIA/ ACCIÓN	VIRYA SHITA, FRÍO (BUENO PARA PITTA)	VYRIA USHNA, CALIENTE (PARA VATTA-KAPHA)
Alterativas o purificadoras sanguíneas. Rakta shodhana karma	Aloe vera, bardana, diente de león, equinácea, sándalo, llantén, nim, índigo, alfalfa, caléndula, coriandro, azafrán, mora, bardana, ortiga, plantago, crisantemo, hamamelis, ruibarbo	Pimienta negra, ajo, canela, mirra, pimienta de cayena, cúrcuma (turmérico), jengibre, aralia, abedul, clavo de olor
Carminativas, digestivas, con impedimento en la formación de gases y su expulsión. Vata anuloman	Manzanilla, coriandro, comino, hinojo, menta, stevia, lima, limón	Asafétida, angélica, albahaca, laurel, cálamo, clavo de olor, ajo, jengibre, nuez moscada, enebro, orégano, cúrcuma, valeriana, anís, canela, perejil
Diaforéticas o sudoríficas, drenantes. Swedana karma	Bardana, manzanilla, coriandro, sauco, cola de caballo, marrubio, menta, cola de caballo, crisantemo	Angélica, albahaca, alcanfor, cardamomo, canela, clavo de olor, eucalipto, jengibre, enebro, abedul, alcanfor, pimientas, efedra
Diuréticas, por lo general bajan la presión arterial. Mutrala karma.	Bardana, coriandro, maíz, diente de león, hinojo, abrojo, llantén, uva ursi, alfalfa, coco, cola de caballo, malvavisco, plantago, pasiflora (pasionaria), abrojo	Canela, pimienta de java, ajo, enebro, efedra, mostaza, perejil, zanahoria, orégano, semillas de zapallo, yerba mate
Emenagogas, regulan la menstruación. Raktabhisarana o artava karma	Cardo mariano, manzanilla, crisantemo, prímula, rosa	Angélica, asafétida, canela, jengibre, mirra, poleo, cúrcuma, valeriana, muérdago
Expectorantes, demulcentes, para la tos, protectoras y balsámicas de la tos seca. Kasa svasahara	Bambú, consuelda, lino, regaliz, culantrillo, helecho, malvavisco, olmo, cardamomo, malva	Cálamo aromático, canela, clavo de olor, jengibre, mostaza, cáscara de manzana, pimienta, ajo, cebollas, sésamo, almendras, lino, efedra, ginseng
Nervinas relajantes, o antiespasmódicas. Nidra karma	Manzanilla, centella asiática, lúpulo, sándalo, pasionaria, jazmín, hinojo, lirio, abrojo	Asafétida, ajo, albahaca, alcanfor, eucalipto, mirra, valeriana, artemisa, muérdago, nuez moscada
Amalíticas, que rompen o con tendencia a digerir el ama. Dipana pachana karma	Hinojo, cardamomo, coriandro, regaliz, azafrán, manzanilla, comino.	Jengibre, pimienta negra, pimienta de cayena, clavo de olor, canela, cúrcuma, hidrastis
Laxantes, para el estreñimiento. Virechana karma	Pasiflora, regaliz, hinojo, aloe vera, ghee, leche, comino, cáscara sagrada, ruibarbo, psyllium, manzanilla	Valeriana, clavo de olor, ajo, jengibre, cúrcuma, aceite de ricino, de bacalao, sal de sulfato de magnesio, lino
Rejuvenecimiento. Rasayana	Centella asiática, diente de león, neem, hinojo, equinácea, aloe vera, abrojo, loto, lirio, espárrago, azafrán, regaliz	Albahaca, cálamo aromático, fenogreco, cúrcuma, salvia, árnica, cebolla, ajo, sésamo, muérdago, ginseng, orovale (ashwagandha), angélica, nuez moscada
Analgésicos, anti reumáticos. Ama Vata karma	Manzanilla, hamamelis, sándalo, pasionaria, hinojo, regaliz	Angélica, cúrcuma, albahaca, asafétida, orovale, ajo, fenogreco, cannabis, harpagofito, ricino, árnica, boswelia, nuez moscada
Astringentes. Stambhana karma	Azafrán, malvavisco, aloe vera, llantén, hibisco, consuelda	Cúrcuma, nuez moscada.

MÁS DATOS SOBRE LAS ESPECIAS

- Las más astringentes: nuez moscada y cúrcuma.
- Las más picantes: trikatu: pimienta negra, pimienta larga y jengibre (plus: más clavo de olor).
- Las más enfriantes: regaliz, hinojo y comino.
- Las más amargas: bardana, alholva o fenogreco, nuez moscada.
- Las más dulces: stevia, menta.

ESPECIAS TRIDÓSHICAS

Cardamomo (cuidado en Pitta), coriandro, comino, hinojo, raíz fresca de Jengibre, azafrán, turmérico o cúrcuma (cuidado en Vata).

Si bien cúrcuma y jengibre aparecen como calentantes, son tridóshicos (aunque moderación en Pitta).

Para el estreñimiento, lo mejor es hacer ayuno, ejercicio y modificar la dieta. De utilizar laxativas (última opción), hay que tener precaución con las más catárticas como ser cáscara sagrada, sen o aloe vera, entre otros.

El sabor indica la acción de la planta (y del alimento). Las plantas amargas por lo general son hepatoprotectoras (lo que es amargo para la boca es dulce para el hígado). Las hierbas, en su uso prolongado, tienden a agravar el dosha de su vipaka.

La mayoría de las especies son buenas para Vata (no las muy calentantes o muy picantes), regulan su apetito y ayudan a su digestión.

Los Vata son los que más sal necesitan, y la mejor es la de roca, que contiene menos sodio que la sal de mesa

Para agni o fuego digestivo alto: hinojo, regaliz (no en hipertensos), aloe, agracejo y genciana, shatavari, malvavisco, shanka bhasma o cenizas de concha de caracola

Para agni variable: jengibre, sal de roca, asafétida.

Para agni bajo: trikatu.

Para agni balanceado (mantenimiento): cardamomo, cúrcuma, hinojo.

	VATA	PITTA	KAPHA
PARA LA DIGESTIÓN	Ajo, jengibre, sal de roca, asafétida, hinojo, cardamomo, canela, coriandro.	Aloe, genciana, agracejo, hinojo, cardamomo, regaliz, cúrcuma	Trikatu: pimienta negra, pimienta larga, jengibre. Mostaza, clavo, canela, ajo, cúrcuma
PARA LA ELIMINACIÓN	Lino, zaragatona, aceite de ricino, psyllum	Aloe, ruibarbo, ghee, leche, zaragatona	Aloe, ruibarbo, sen, cáscara sagrada, albahaca, cayena
PARA LA ENERGÍA	Ajo, orovale, ginseng, consuelda, malvavisco.	Hinojo, espárrago regaliz, aloe vera, diente de león, azafrán	Ajo, cebolla, jengibre, azafrán, raíz de helenio, gel de aloe
PARA LA MENTE	Cálamo aromático, mirobálano, nuez moscada, asafétida, valeriana, albahaca.	Centella asiática, sándalo, rosa, semillas de loto, pasiflora, crisantemo, hibisco	Cálamo aromático, Centella asiática, albahaca, salvia.

CONOCIENDO UN POCO MÁS

ALBAHACA

Considerada sagrada en la India, es muy utilizada en el Ayurveda como elixir para la larga vida. En la antigua Grecia era símbolo de fuerza, salud y fertilidad,

Se utilizan las hojas, las cuales tiene rasa levemente dulce y picante. Su vyria es calentante, y su efecto post digestivo es picante, por lo cual disminuye estados Vata-Kapha y podría contribuir al aumento de los desequilibrios presentes en Pitta.

Tiene propiedades digestivas (disminuye espasmos intestinales, previene parásitos), antiespasmódica, carminativas, galactógena, diurética y antifebril. Elimina Vata del colon. Como tónico tiene propiedades cicatrizantes.

En infusión se utiliza en jaquecas de origen nervioso o digestivo, y como sedante, desinflamante de aftas y pezones irritados.

Además, en procesos Kapha como resfriados, gripes y afecciones pulmonares es excelente diaforético y febrífugo.

Su calidad sáttvica crea la apertura de la mente y el corazón.

ANÍS VERDE/ANÍS ESTRELLADO

Con el mismo nombre encontramos a dos especies diferentes: el anís verde (convencional) y el anís estrellado. Si bien el segundo proviene de una familia botánica diferente, las propiedades de ambos son muy parecidas, ya que poseen el mismo principio activo. Tienen un sabor en boca dulce y picante, son de energía calentante y su efecto post digestivo es también picante, por estas características están contraindicados en el estado de Pitta elevado, ya que uno de sus efectos es la irritación de las mucosas.

Son aliados ideales para compensar, principalmente, a Kapha y en cantidades moderadas a Vata, ya que se contrapone a los elementos naturales del primero y actúa de forma calentante en el dosha de aire y éter. Además, tienen funciones antiespasmódicas, antiartríticas y antineurálgicas, entre otras.

Como tónico es útil en situaciones de luxaciones, contusiones y hematomas para favorecer la reabsorción; artritis reumatoide, edemas asociados a flebitis y tromboflebitis. También actúa a nivel local en boca como antiséptico.

Es de suma importancia conocer los efectos adversos de todas las especies y hierbas que utilicemos, ya que tienen efectos poderosos en el organismo y condiciones de utilización específicas.

Por ejemplo, el anís estrellado puede ser chino o japonés, el que produce mayor cantidad de efectos adversos es el segundo. Pero son casi imperceptibles las diferencias entre los dos una vez secos.

Está contraindicado en varias situaciones como, embarazos, infancia, patologías crónicas o agudas hepáticas y digestivas del tipo inflamatorias y de sistema nervioso central, ya que puede producir convulsiones.

ASAFÉTIDA

En India se emplea como sustituto de la cebolla y el ajo en las comidas y en pequeñas cantidades para lograr un fuerte y agradable sabor en los alimentos (guardar en un recipiente cerrado herméticamente ya que tiene un olor sulfuroso). Es picante, calentante, de vipaka picante. Equilibra a Kapha y Vata y desequilibra a Pitta. De acción estimulante, carminativa, antiespasmódica, analgésica, antihelmíntica, antiséptica, hipolipemiante, vasodilatadora perififérica, antihipertensiva, antiagregante plaquetaria, antifúngica, diaforética. La asafétida limpia la flora intestinal al tiempo que fortalece el agni. Se puede agregar a las legumbres para evitar que produzcan gases. Es un poderoso agente digestivo que elimina la comida estancada del tracto gastrointestinal, ya que tiene el doble efecto de estimular el agni y mover a Vata. Su cualidad es tamásica; tiene un efecto estabilizador pero puede prucucir embotamiento mental.

AZAFRÁN

Es el estigma seco de la flor del Crocus Sativus Lennaeus, el producto que se obtiene puede ser en filamentos o el polvo.

Cada flor posee una pequeña cantidad de azafrán por lo cual se requiere de miles para obtener una libra de la especia, de allí su costo elevado en el mercado.

Posee un sabor ligeramente dulce y amargo, levemente picante. Su virya es frío y su vipaka dulce.

Por su cualidad sáttvica aporta prana armonizando los nadis (canales sutiles energéticos corporales). En cantidades pequeñas, armoniza los tres Dosha.

Es detoxificador sanguíneo, tónico del sistema nervioso, y fortalecedor del sistema inmune.

En desequilibrios Kapha es beneficioso para los procesos respiratorios, mejorando la secreción mucosa.

También es emenagogo mejorando la dismenorrea y amenorrea (desequilibrio Vata). A su vez, participa en el incremento del recuento de esperma.

Se puede utilizar en forma de polvo, tintura madre y aceites en vía externa.

Es una de las mejores indicaciones para disminuir desequilibrios Pitta, por su acción detoxificante hepático y regulador de las funciones del bazo.

CARDAMOMO

Posee cualidad sáttvica y ayuda a purificar la mente, abrir y suavizar el flujo del prana en el cuerpo. Es dulce, picante, calentante, de vipaka también dulce. Equilibra a Vata y a Kapha y desequilibra a Pitta en exceso.

De acción estimulante, expectorante, carminativa, estomacal, diaforética, bacteriostática, antifúngica. Es un estimulante digestivo, se utiliza en casos de pérdida de gusto, mala absorción, indigestión, ayuda a detener el vómito, los eructos y la regurgitación ácida. Se puede añadir tanto a la leche, para neutralizar la formación de mucosidad que producen los lácteos, como al café, para eliminar la toxicidad de la cafeína.

CLAVO DE OLOR

Es originario de Indonesia, se utiliza el capullo de la flor, seco. Es picante y calentante, de vipaka dulce. Equilibra a Kapha y Vata y desequilibra a Pitta. De acción estimulante, expectorante, carminativa, analgésica, afrodisíaca, antiséptica, antiinflamatoria, alivia el dolor dental (el típico olor a dentista es generado por un producto llamado eugenol que contiene clavo). Es un buen estimulante digestivo y actúa sobre el aparato respiratorio frente a resfriados, tos, asma, sinusitis, laringitis, faringitis. Su aceite es un poderoso analgésico bucal. De cualidad rajásica.

COMINO

Una de las semillas más utilizadas en la cocina Ayurveda debido a su particular sabor y a sus propiedades medicinales. De sabor amargo, astringente, refrescante y vipaka picante, ayuda a encender el fuego digestivo y mejora la absorción de minerales en los intestinos. Es carminativo y antiespasmódico; se utiliza para dolores estomacales, náuseas y diarrea. Además, buen diurético, antiparasitario y antihelmíntico. Es ligeramente hipoglucemiante.

CORIANDRO

Es la semilla del cilantro: amarga, ligeramente picante, astringente y refrescante. Tridóshica, aunque es muy usada en enfermedades Pitta, como las del tracto digestivo y del sistema urinario, en las cuales la mayoría de las especies picantes están contraindicadas. Tiene acción depurativa, diaforética, diurética, carminativa, estimulante. Favorece la digestión y la absorción.

El cilantro son las hojas frescas y tiene efectos similares, aunque es un poco más suave. Es muy utilizado en gastronomía y también se puede consumir su jugo.

CÚRCUMA

Una especie sagrada para el Ayurveda, ya que se dice que aporta energía de la Madre Divina y otorga prosperidad. Es amarga, astringente, picante y calentante sólo ligeramente, por lo que es excelente para ser usada por Pitta. Es tridóshica, colabora en la digestión, ayuda a mantener la flora intestinal, es carminativa, antibiótica y antiséptica, favoreciendo la digestión de proteínas. También ayuda a cicatrizar piel y mucosas (si la colocamos sobre la piel sólo hay que tener cuidado porque mancha mucho). Además, reduce la ansiedad y el estrés. Y es efectiva para limpiar los chakras, ya que purifica los nadis (canales del cuerpo sutil).

CANELA

Una de las especias más antiguas del mundo, originaria de una isla del continente asiático llamada Ceylan, Sri Lanka.

Junto con el laurel y el cardamomo forman la mezcla de "tres aromáticas" que promueven la digestión mejorando el agni.

Su rasa es dulce, picante y astringente, su virya calentante, y su vipaka es picante y también dulce.

Por sus cualidades, pacifica a Vata y Kapha, tiene una acción eficaz en el caso de querer reforzar el flujo circulatorio, y tiene un efecto desintoxicante en piel, sangre y riñones. Se caracteriza por su afinidad con el corazón y los pulmones.

En el caso de Pitta, su uso es restringido, dependiendo del desequilibrio presente, no es recomendable en casos de hipertensión arterial, hemorragias y embarazo.

La presentación en forma de aceite tiene propiedades terapéuticas antisépticas y antifúngicas (es muy útil en el caso de picaduras de insectos), además tiene efectos estimulantes y tonificantes.

Se puede usar en forma de emplastos para procesos gripales y es carminativa diurética y la aplicación tópica del aceite mejora los dolores de muela y la retracción de las encías.

FENOGRECO

Tiene un aroma peculiar (algo dulce, parecido al azúcar quemado) y está presente en el curry o garam masala, mezcla de especias característica de la India.

Se utilizan las semillas de la planta; su rasa es amargo, dulce y picante, su vyria calentante, con vipaka picante.

Por su rasa, estimula a Vata, y su vipaka enciende a Pitta, es recomendable consumir en cantidades pequeñas para evitar aumentar desequilibrios.

Es equilibrante de Kapha, por su efecto post digestivo picante, asociado a su efecto hipocolesteromiante (disminuyendo LDL, VLDL y triglicéridos, sin modificar el HDL) e hipoglucemiante (por la formación de mucilagos, aumenta la viscosidad intestinal).

También tiene actividad galactogoga, aumentando la producción de leche en mujeres en período de lactancia, pero está contraindicado en el embarazo por su capacidad estimulante del músculo uterino.

Se puede tostar levemente y triturar para acompañar diferentes preparaciones, mejorando sus efectos y resaltando sus características.

JENGIBRE

Es una de las especias más sáttvicas que existen; una de las 3 raíces de oro (trivajhad) junto con el ajo y la cebolla.

El jengibre fresco es picante y calentante y tiene un vipaka dulce. El seco es picante y calentante con vipaka también picante; es más calorífico y secante que el fresco. Tienen acciones similares aunque para algunos desequilibrios Kapha estaría más indicado el seco y para desequilibrios Vata, el fresco. Tiene acción estimulante, diaforética, expectorante, carminativa, antiemética, analgésica, antiagregante plaquetaria, antiaterosclerótica, antiinflamatoria y antimicrobiana. Se puede usar cuando hay náuseas y vómitos, para prevenir mareos de viaje, y calambres menstruales. Mejora la digestión, la absorción y asimilación de alimentos. Además, se utiliza mucho en afecciones respiratorias para combatir resfríos, y la tos. Con miel, el jengibre atenúa a Kapha, con azúcar atenúa a Pitta y con sal de roca atenúa a Vata.

HINOJO

Una hierba muy aromática de la que se utilizan las semillas o frutos. Su sabor en boca es dulce y picante, su vyria frío y su vipaka, dulce.

Muy usado en presencia de aumento de Pitta, ya que su efecto pre digestivo enfriante y su post digestivo dulce, compensan los elementos del dosha.

En cantidades adecuadas, no tiene injerencia en estados Vata o Kapha.

En desequilibrios Vata como meteorismo y digestión lenta, es beneficioso por su efecto carminativo, aperitivo y eupéptico. Además es antibacteriano, antiinflamatorio, estrogénico y expectorante.

La mezcla de hinojo, coriandro y comino, se considera tridóshica, recomendándose consumir con las comidas o luego de ellas. Además tiene acción como purificador de la sangre.

Se la considera sáttvica por su capacidad de calmar la mente y estimular el budhi y la concentración mental, gracias a sus aromas particulares.

Se lo puede utilizar en infusiones, agregando una poca cantidad en el mate, y como aceite esencial.

LAUREL

Se utiliza, principalmente, para dar sabor a las preparaciones, muchas veces en reemplazo de la sal en dietas bajas en sodio. Se usan las hojas, frescas o secas, pero también los frutos de la planta son útiles.

Su rasa es picante y astringente, lo cual lo hace ideal para complementar las dietas para Kapha, su vyria es caliente y su vipaka picante, todas cualidades que contribuyen al equilibrio de los elementos Tierra y Agua. En cantidades moderadas se puede usar en preparaciones para Vata, no así para Pitta, a los que se les recomienda restringir este condimento para evitar encender más el fuego natural.

Aumenta el poder del agni digestivo y por eso es estimulante y carminativo, además es antiespasmódico, antirreumático y detoxificante sanguíneo, mejorando el funcionamiento hepático y biliar. Cuenta con un porcentaje considerable de vitamina C, A y minerales como hierro, magnesio, calcio y manganeso.

MALVA

Una planta de la cual se utilizan las flores. Contiene mucilagos, con propiedades de desinflamante de mucosas del tracto digestivo y respiratorio. Además actúa como fibra soluble, mejorando el tránsito intestinal.

Su rasa es dulce, y su energía, en el estómago, es enfriante, con un efecto en sangre post digestivo dulce, lo cual la hace excelente para mejorar estados de Pitta exacerbado, disminuyendo el calor y el ácido natural. Por su rasa y vipaka, es útil en situaciones de constipación por aumento de Vata.

Se pueden realizar infusiones, extractos, fluidos y jarabe.

MENTA

Es una hierba que puede medir hasta 1 metro de alto y sus hojas alcanzan los 8 cm, con borde aserrado y textura rugosa. Sus flores son pequeñas y de color lila, que se abren cuando finaliza el verano.

Con su característico aroma fresco, hay una gran variedad de especies, entre las que se encuentran la menta peperina, la hierbabuena, la menta de agua, el mastranzo y el poleo menta, entre otras.

Su rasa es dulce y amargo y su vyria es enfriante, con un vipaka dulce. Es ideal para contribuir a la disminución de los desequilibrios Pitta, ya que actúa apaciguando el fuego característico del dosha. Además, mejora desequilibrios Vata si se consume en cantidades reducidas. En estados Kapha, se debe utilizar con moderación, para evitar exacerbar sus cualidades.

Es una planta excelente para los espasmos del aparato digestivo y, especialmente tiene efectos beneficiosos en presencia de desequilibrio Vata, como el síndrome de intestino irritable con alternancia de períodos de constipación y/o diarrea (en su presentación de aceite esencial).

Se puede consumir en forma de tintura, infusión o el mencionado aceite esencial.

Es una buena opción para incluir con la yerba en el mate, para apaciguar los efectos acidificantes, principalmente en desequilibrios Pitta.

NUEZ MOSCADA

Se utiliza el fruto. Es dulce, astringente, picante, calentante y de vipaka picante. Equilibra a Vata y a Kapha y puede desequilibrar a Pitta, si está elevado. De acción astringente, carminativa, sedante, afrodisíaca, estimulante del apetito, digestiva, estimulante del sistema nervioso. Es una de las mejores especias para incrementar la absorción, particularmente en el intestino delgado. Al ser astringente, es útil para la incontinencia urinaria y la eyaculación precoz. Tiene gran eficacia para calmar la mente, sin embargo es de cualidad tamásica y en exceso puede incrementar el embotamiento mental.

ORÉGANO

Planta aromática de cualidades energéticas. Predomina el rasa picante y astringente, de vyria calentante y el efecto post digestivo, vipaka picante, le da la característica de exacerbar Pitta y disminuir o neutralizar Kapha, principalmente, y Vata en cantidades moderadas.

Es una especia que estimula la digestión mejorando el agni digestivo, por eso no se recomienda en individuos Pitta, ya que pueden presentar pirosis.

Se utiliza para hacer baños de vapor, los cuales purifican los nadis o canales sutiles, y producen efectos de limpieza en nariz y pulmones. También, es fuente de vitamina C, A y complejo B, además de los minerales potasio, magnesio y calcio.

Además tiene funciones antisépticas, antibacteriales, antivirales, antifúngicas, eupépticas y antioxidantes. Por otra parte, la infusión y las compresas mejoran los dolores menstruales.

PIMIENTA NEGRA

Una de las especias más populares en todo el mundo. Es picante y calentante de vipaka picante; utilizada principalmente para patologías frías (Vata y Kapha) y con cuidado cuando Pitta está elevado. De acción estimulante, expectorante, carminativa, febrífuga y antihelmíntica, también es un potente estimulante digestivo. Al aumentar el agni, ayuda a eliminar el ama y a limpiar el canal alimenticio. Es un buen neutralizador de la comida fría y se utiliza para desequilibrios Kapha respiratorios, ya que es expectorante y seca las secreciones. Tiene cualidad rajásica, por lo que en exceso puede ser irritante.

Tanto la pimienta negra como la blanca y la verde, provienen de una misma planta, la única diferencia entre ellas es el momento de la recolección y su tratamiento posterior. La pimienta negra se recolecta antes de la maduración y se seca al sol. La verde es el fruto inmaduro sin secar, por lo tanto tiene un sabor más fresco y prácticamente no es picante. La blanca se recoge madura, se seca y se pela. Es más picante que la negra pero de sabor menos intenso.

PIPPALI O PIMIENTA LARGA DE LA INDIA

Es pariente cercano de la pimienta negra, de acciones similares. Es picante, calentante y dulce. Tiene acciones estimulante, expectorante, carminativa, afrodisíaca, antihelmíntica y analgésica. Está indicada para desequilibrios Vata y Kapha y debe usarse con precaución en caso de Pitta elevado. Al igual que la pimienta negra, es estimulante de los aparatos digestivo y respiratorio. A diferencia de la pimienta negra, también es un rejuvenecedor, principalmente para los pulmones y para Kapha. También es afrodisíaca y refuerza las funciones reproductoras.

PEREJIL

Es una planta herbácea que mide menos de 1 metro de alto. Su rasa es picante y amargo, la energía en estómago (vyria) es caliente y su efecto post digestivo, dulce.

Es una fuente importante de vitamina C, potasio, calcio, magnesio, hierro y fósforo. Estimula el apetito y mejora el agni digestivo. Por su característica calentante, se debe controlar en procesos de desequilibrio Pitta, principalmente en casos de inflamación.

En cantidades pequeñas pacifica Kapha por su rasa picante y también equilibra Vata debido a su cualidad ushna. Además tiene efectos diurético, laxante carminativo, antiespasmódico y antirreumático, entre otros.

Se consumen sus hojas frescas y también se elaboran aceites obtenidos de sus frutos para aplicar por vía externa.

REGALIZ

Se utiliza la raíz, que es dulce, amarga y refrescante. Equilibra a Pitta y Vata, y puede desequilibrar a Kapha si se utiliza durante mucho tiempo. De acción demulcente, expectorante, tónica, rejuvenecedor, laxante, sedante, es un buen protector gástrico. Posee propiedades antiulcerosas y antiinflamatorias, ya que produce un efecto similar al del cortisol. Por esa propiedad, se utiliza como antialérgico. También se combina con el jengibre para tratar afecciones respiratorias. De cualidad sáttvica.

TRIKATU

Es una combinación de especias formada por partes iguales de pimienta negra, pippali o pimienta larga y jengibre en polvo. Trikatu significa "tres picantes" y por esa propiedad es el principal compuesto estimulante en Ayurveda.

Especialmente indicado para Kapha, rejuvenece al agni, favorece la sudoración, ayuda a eliminar el ama y permite la asimilación de otras medicinas y alimentos. También es ideal para utilizar en invierno, para combatir al frío.

YERBAMATE

Originaria de América del Sur, se utilizan las hojas. Equilibra a Kapha y desequilibra a Vata y Pitta (por las xantinas, al igual que el té y el café). De acción estimulante respiratoria y nerviosa, diurética, lipogénica, hipoglucemiante. Puede producir excitación, insomnio y taquicardia, por lo tanto en caso de que lo consuma Vata o Pitta recomendamos regular la ingesta (todo puede ser veneno, depende la dosis) y mezclarla con otras hierbas que equilibren como hinojo, manzanilla, boldo, tilo, etc.

PALABRAS FINALES DE NOELIA Y LUCÍA

Hemos dedicado ciencia, alegría, amor, tiempo e imaginación en este libro, para poder así compartir y disfrutar con ustedes un poco del Ayurveda, cuyos preceptos nos guían desde hace varios años y que, esperamos de corazón, sea para todos tan útil como lo fue y es para nosotras.

Ayurveda significa sabiduría de vida, más que un hacer, es una forma de ser... y eso es lo que realmente transforma.

Esto no es un libro de verdades absolutas, sino acaso uno de los tantos caminos que se pueden explorar, para ir encontrando entre todos el que más nos identifique a cada uno.

Es nuestro propósito que puedan tomar esta información y estas recetas, para transformarlas, modificarlas, hacerlas propias y compartirlas.

Les proponemos escuchar, o despertar esa intuición que todos tenemos un poco dormida, y utilizarla también para reconocernos e interpretar lo que nos dice nuestro cuerpo físico y nuestro cuerpo etéreo, en búsqueda de un equilibrio con el todo.

Con amor agradecemos la compañía y confianza de Fabián, y todo lo que un Vata con sus vientos crea y, con sabiduría, comparte, siempre soplando hacia adelante... ¡hasta el próximo encuentro!

UN FINAL CON AFORISMOS

Queremos finalizar compartiendo con ustedes nueve aforismos o sutras de la alimentación, frases por lo general cortas, que representan esclarecimientos, verdades. Son también llamados máximas, sentencias, proverbios, adagios, refranes, dichos, axiomas, apotegmas y, actualmente, insights.

Para leer un sutra hay que detener la velocidad de lectura y llevarla al mínimo. Lo ideal es leer uno por día o uno por semana, para que resuene con nosotros, para reflexionar largo tiempo sobre él.

1. Alimento es todo lo que entra por los sentidos.
2. Los sentidos nos arrastran de un lugar a otro.
3. Todo es bueno para alguien y nada es bueno para todos.
4. No somos lo que comemos, somos lo que digerimos y absorbemos.
5. Lo que comemos se hace cuerpo y mente y, lo que no digerimos también.
6. La indigestión mental es más fuerte y duradera que la corporal.
7. El Ayurveda requiere voluntad y conocimiento.
8. Sin la dieta adecuada, la medicina es ineficaz; con la dieta adecuada, la medicina es innecesaria.
9. Comer la mitad, caminar el doble y reír el triple.

EL NUEVO AUM (LÉASE OM) DE A.Y.U.M.

En el aum tradicional (se lee om) ॐ la curva superior izquierda es el estado de vigilia o jagrat avastha, la grande de abajo a la izquierda, es estado del sueño con imágenes oníricas llamado swapna avastha; la de abajo a la derecha es sushupti avastha, el estado de sueño profundo, sin imágenes oníricas. La rama que se desprende arriba es maya, el ego, el velo de la ilusión; el punto de arriba es turiya avastha, o cuarto estado, refiriéndose al cuarto estado posible mental, la liberación (del ego, de la propia mente).

En este nuevo om ॐ de la liberación bajan los tres estados mentales, poniéndolos por debajo de la liberación misma. Aparte uno lee el om.

Es nuestro nuevo símbolo y, como dijimos al inicio, los esperamos en nuestros cursos AYUM, Ayurveda Yoga Universidad Maimónides:

- Curso de Medicina Ayurveda: 1er año para yoguis y público en general (anual), 2 años para profesionales de la salud (bianual).

- Curso La cocina Ayurveda: 2° semestre del año, para público en general.

- Curso Terapia Abhyanga: anual, para público en general (técnica del masaje y puntos marma).

- Instructorado Universitario de Yoga y Ayurveda: anual, para instructores de yoga de distintas escuelas (consultar).

UNIVERSIDAD MAIMÓNIDES
Hidalgo 775 C.A.B.A.

INFORMES
Facebook: AYUM Ayurveda Yoga Universidad Maimónides, y el de los autores, ya mencionados.

Tel.:4905-1134 / 40 por la mañana
Mail: yoga.ayurveda@maimonides.edu
Web: www.maimonides.edu

GLOSARIO DE INGREDIENTES

Los alimentos y condimentos reciben nombres distintos en el mundo de habla hispana. Cada país tiene sus denominaciones propias y generalmente ignora las del resto de América y España. En este libro se han utilizado las denominaciones propias de Argentina pero, para que el lector latinoamericano no tenga dificultades en comprender los ingredientes de las recetas, incluimos el siguiente glosario.

Arándano: blueberry.

Arroz yamani: variedad de arroz integral de grano corto, originaria de Japón.

Arroz basmati: variedad de arroz de grano largo, muy consumido en India.

Arvejas: guisantes, chícharos.

Azúcar mascabo: azúcar mascabado, azúcar no refinado que se extrae del jugo de la caña de azúcar y se deja evaporar hasta lograr un residuo seco. De sabor parecido al caramelo y al regaliz.

Batata: boniato, camote.

Brotes: germinados.

Cebolla de verdeo: cebolla de cambray, cebolleta.

Curry: mezcla de especias originaria de India.

Champiñones: setas de París.

Garam Masala: mezcla de especias originaria de India.

Jengibre: kión.

Kale: col rizada.

Maca: raíz comestible originaria de Perú.

Morrón: pimiento, pimentón.

Remolacha: betarraga, betabel.

Palta: aguacate.

Papa: patata.

Peperonccino: ají pequeño y picante, muy consumido en Italia.

Polvo de hornear: royal.

Poroto: frijol, alubia.

Salsa de soja: salsa de soya, salsa negra.

Sésamo: ajonjolí.

Tofu: queso de soja.

Tomate: jitomate.

Vinagre de manzana: vinagre de sidra.

Zapallito: calabacín redondo.

Zucchini: calabacín, zapallito italiano.

ÍNDICE